JN418572

SSU Press

목차

시작하기

0. PREFACE

Table of Contents

시작하기

본 교재는 저자에 의하여 발간되는 데이터베이스 분야에 대한 3번째이자 마지막 교재로서, 내용은 정보검색, XML, 웹 검색으로 구성되어 있다. 본 교재의 형식은 이전 교재와 동일하다. 서술식 내용 전개가 아닌 개조식으로 내용을 작성하였으며, 슬라이드 하단에는 필요한 설명을 추가하였다. 불필요하거나 장황스러운 설명은 배제하고, 간결하고 요점 중심의 설명을 사용한다. 슬라이드만으로 내용 전달이 완성되는 경우에는 하단 설명이 생략되기도 한다.

본 교재는 일반 대학교의 한 학기 과목 교재용으로 작성되었으며, 데이터베이스 또는 정보검색에 대한 내용의 단순한 정리 및 나열이 아니고, 학부생(또는 대학원생)에게 필요한 지식을 선별하여 교재 내용을 구성하였다.

참고적으로 저자가 이미 출간한 데이터베이스 책은 아래와 같다.

- 데이터베이스 I, 숭실대학교 출판부, 2015.9
- 데이터베이스 II, 숭실대학교 출판부, 2017.2

구성 요소

본 교재는 크게 3가지 주제(정보검색, XML, 웹 검색)로 구성이 된다. 현대 정보화 사회에서 사회 각 부문의 다양한 정보 요구를 사용자에게 효율적으로 충족시키는 것이 중요한 명제이다. 정보검색 분야는 전산학의 아주 오래된 분야로서 70년대부터 존재하였고, 주로 텍스트 데이터 검색 기술로서 (전자)도서관이 전형적인 응용 분야이다.

90년대 중반 웹(world wide web)이 세상에 등장하였으며, 웹의 등장으로 정보검색 분야에 대한 중요성이 새롭게 부각되었다. 초기 웹 환경에서 요구되는 검색 시스템 개발 기술은 기존 정보검색 기술을 활용하였다.

정보검색 분야에서는 사용자 질의에 대한 검색 결과(반환되는 문서 집합)를 분석하여야 하며, 이 경우 우리의 관심사는 검색 효과성(effectiveness)이다. 또한 정보검색 분야는 데이터 처리에서 중요한 효율성(efficiency)을 강조한다. 본 교재는 정보검색의 효율성 기술 중심으로 구성되어 있다.

Major References

- C. Manning, P. Raghavan, and H. Schutze, An Introduction to Information Retrieval, Cambridge University Press, England, 2007.
- A. Silberschatz, H. Korth and S. Sudarshan, Database System Concepts (6th edition), McGraw Hill, 2011.
- W. Frakes and R. Baeza-Yates, Information Retrieval: Data Structures and Algorithms, Prentice Hall, 1992.

주요 참고 문헌

본 교재에서 참조하였던 주요 참고 문헌을 보인다. 본 교재는 필요한 경우 본문에서 관련 논문을 직접 인용하였다.

Chapter 01

부울린 검색 모델

Subtopics

- Introduction
- Inverted Index
- Processing Boolean Queries

2

구성 요소

본 장에서는 정보검색 시스템에서 제공하는 가장 기본적인 검색 모델인 부울린 검색 모델을 살펴본다. 첫 번째 서론에서는 정보검색 시스템에 대한 전반적인 설명 및 특성을 살펴보고, 두 번째로는 정보검색 시스템에서 가장 널리 사용되는 색인 구조인 역색인(inverted index)을 살펴본다. 마지막으로 부울린 질의를 처리하기 위한 기본 방법을 살펴본다.

1.1 서론

Information Retrieval

- Information retrieval (IR) is finding material (usually documents) of an unstructured nature (usually text) that satisfies an information need from within large collections (usually stored on computers)
- Researched from early 70's
  - libraries, cooperate knowledge managements, legal information retrieval systems, etc.

4

정보검색

정보검색 시스템이 대상으로 하는 데이터는 문서(document)이다. 문서는 정형화된 구조를 가지지 않으며(문서가 자체적으로 구조를 가질 수 있으나 이는 일부분 문서에 적용되는 사항), 자료형으로는 문자열이다. 전자도서관, 법령검색시스템 (유사하게 특허검색시스템, 규정검색시스템) 등이 정보검색 기술의 전통적인 응용 분야이다.

정보검색 시스템이 데이터베이스 시스템과 유사한 시기부터 연구 개발되었다는 점이 흥미롭다.

Unstructured vs. Structured Data (1/2)

Unstructured (text) vs. structured (database) data in 1996

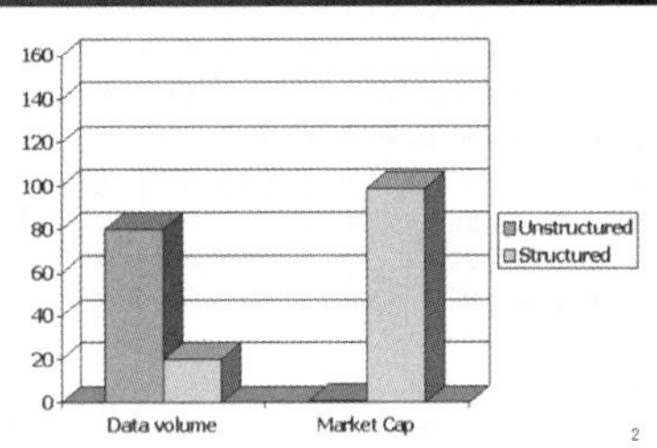

5

Unstructured vs. Structured Data (2/2)

Unstructured (text) vs. structured (database) data in 2006

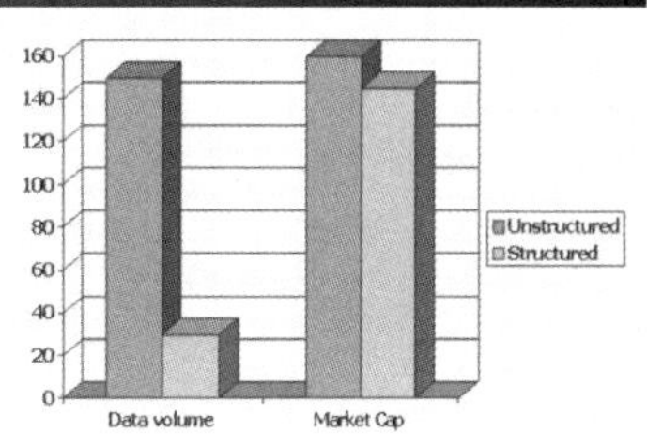

6

비정형/정형 데이터 (1/2)

정형 데이터란 데이터가 정해진 구조에 맞추어 저장 관리되는 데이터로서 대표적인 예제가 데이터베이스 시스템이 관리하는 데이터(스키마에 맞추어 데이터가 저장 관리되므로)이다. 스프레드시트 데이터도 정형 데이터에 속한다.

비정형 데이터는 정해진 구조가 없이 그냥 존재하는 데이터로서 문서가 대표적인 예제이다. 데이터 구조가 존재하더라도 그 구조가 아주 단순한 경우이다. 비정형 데이터의 예제로는 문서, 전자메일, 보고서, 이미지 등이 있다.

준정형(semi-structured) 데이터는 비정형 데이터 중에서 비교적 데이터 구조가 명확히 존재하는 경우를 의미하는데, XML 데이터를 준정형 데이터의 대표적인 형태로 본다.

비정형/정형 데이터 (2/2)

세상에 존재하는 데이터는 비정형 데이터가 정형 데이터보다 볼륨 면에서 월등히 많다. 데이터가 새롭게 생성되는 관점에서도 비정형 데이터 생성이 정형 데이터 생성보다 월등히 많음을 쉽게 알 수 있다.

정형 데이터를 관리하는 데이터베이스 기술의 성숙하게 됨에 따라, 최근에는 비정형 데이터에 대한 연구 개발이 활발하다.

Boolean Retrieval Model

- The Boolean model is the simplest model in information retrieval systems
- Queries are Boolean expressions
  - e.g. "Caesar and Brutus" for Shakespeare collections
- The search engine returns all documents that satisfy the Boolean expression

7

Why grep is not good?

- Which plays of Shakespeare contain the words BRUTUS AND CAESAR, but not CALPURNIA?
  - One could grep all of Shakespeare's plays for BRUTUS and CAESAR, then strip out lines containing CALPURNIA
  - Why is grep (or egrep) not the solution?
    - Slow (for large collections)
    - grep is line-oriented, IR is document-oriented
    - "NOT CALPURNIA" is non-trivial
    - Other operations (e.g., find the word ROMANS near COUNTRYMAN) not feasible

8

부울린 검색 모델

부울린 검색 모델은 가장 간단한 검색 모델로서, 부울린 수식으로 구성되는 질의문을 만족하는 모든 문서가 사용자에게 반환된다.

본 교재는 셰익스피어 연극 작품을 예제로 사용한다. 중세 기독교 시대에 몰락했던 영국의 연극은 엘리자베스 시대에 와서 다시 크게 융성한다. 엘리자베스 여왕은 혼란스런 국정을 안정시키고 국력을 비축하여, 1588년 당시 유럽의 해상을 지배했던 스페인의 '무적함대'를 쳐부숨으로써 제해권을 장악하는 등 국력을 크게 신장시켰다. 이 시기에 극작가 셰익스피어가 활동하였다.

일반적으로 셰익스피어의 대표적 비극작품이라면 "햄릿(Hamlet)", "오셀로(Othello)", "리어 왕(King Lear)", "맥베스(Macbeth)"의 4대 비극이 가장 잘 알려져 있다.

연극은 장(act)으로 구성이 되며, 장은 다시 막(scene)으로 구성이 된다.

"grep" 함수가 적합하지 않은 이유

grep 함수는 유닉스 시스템이 제공하는 표준 함수로서 사용자가 명시한 텍스트 패턴을 가지는 화일을 반환하는 기능을 제공한다. 텍스트 패턴은 정규표현(regular expression)식으로 표현된다.

본 슬라이드는 grep 함수가 대규모 문서 검색에 적합하지 않은 이유를 설명하고 있으며, 기본적으로 grep은 사용사의 다양한 검색 요구를 충분히 지원하지 않는다.

Term-document Incidence Matrix (1/2)

	Anthony and Cleopatra	Julius Caesar	The Tempest	Hamlet	Othello	Macbeth
ANTHONY	1	1	0	0	0	1
BRUTUS	1	1	0	1	0	0
CAESAR	1	1	0	1	1	1
CALPURNIA	0	1	0	0	0	0
CLEOPATR	1	0	0	0	0	0
A	1	0	1	1	1	1
MERCY	1	0	1	1	1	0
WORSER						
...						

- Entry is 1 if term occurs, is 0 if term doesn't occur
  - CALPURNIA occurs in Julius Caesar
  - CALPURNIA doesn't occur in The tempest

9

Term-documenet Incidence matrix (2/2)

- To answer the query
  "Brutus and Caesar and not Capurnia"
  - Take the vectors for Brutus, Caesar, and not Calurnia
  - Complement the vector of Calurnia
  - Do (bitwise) AND operation on the three vectors
  - 110100 and 110111 and 101111 = 100100
- Answer
  - Anthony and Cleopatra
  - Hamlet

10

용어-문서 발생 매트릭스 (1/2)

각 용어에 대하여 해당 용어가 나타나는 문서를 매트릭스 형식으로 표현한 것이 term-document incidence matrix이다. 예를 들어, 용어 ANTHONY가 나타난 문서(여기서는 연극)는 Anthony and Cleopatra, Julius Caesar, Macbeth이다.

용어-문서 발생 매트릭스 (2/2)

질의문을 처리하기 위해서는 bitwise AND/OR/NOT 연산을 하여야 한다. 데이터베이스 시스템에서 지원하는 bitmap index와 개념 및 연산 사용법과 유사하다.

상기 질의문의 결과는 첫 번째와 네 번째 문서이다.

- Anthony and Cleopatra, Act III, Scene ii

  Agrippa [Aside to Domitius Enobarbus]:

  Why, Enobarbus, When Antony found Julius Caesar dead, He cried almost to roaring; and he wept When at Philippi he found Brutus slain.

- Hamlet, Act III, Scene ii

  Lord Polonius: I did enact Julius Caesar: I was killed i' the Capitol; Brutus killed me.

Bigger collections

- Consider N = 10^6 documents, each with about 1000 tokens
  - Total of 10^9 tokens
- On average 6 bytes per token, including spaces and punctuation
  - Size of document collection is about 6 * 10^9 = 6 GB
- Assume M = 500,000 distinct terms in the collection
- Matrix M is of 500,000 × 10^6 (i.e. half a trillion 0s and 1s)
  - M has no more than one billion 1s
  - Matrix is extremely sparse !!!
- The incident matrix does not work out well with large collections !!!
  - What is a better representations? (We only record the 1s)

11

큰 자료군

106 개를 가지는 문서군이 500,000개의 용어를 가지고 있으면, term-document incidence matrix은 ½*106*106 크기가 되나, 존재를 의미하는 1은 109번 나오게 되어 희소 매트릭스가 된다. 이 경우 존재를 의미하는 1만을 색인하는 방식이 유리하며 이 아이디어를 구현한 것이 후에 나오는 역색인이다.

참고적으로 word, term, token 차이점은 다음과 같다.

- word : a delimited sring of characters as it appears in the text
- term : a normalized work (case, morphology, spelling, etc.); an equivalent class of words
- token : an instance of a word or term occurring in a document

term(용어)이 색인이 되는 대상이며, 문서에 나오는 word (또는 token)는 다수의 단계(대소문자 처리, 오타 수정 등)를 거치며 term이 된다, 제 2장에서 term이 생성되는 과정을 살펴본다.

How good are the retrieved docs?

- Precision : Fraction of retrieved docs that are relevant to the user's information need
- Recall : Fraction of relevant docs in collection that are retrieved

12

반환 문서 평가

질의문에 대한 결과로서 사용자에게 반환되는 문서에 대한 평가는 두 가지 요소이며, 정확도(precision)와 회상도(recall)이다.

정확도 및 회상도는 정보검색 시스템의 효과성(effectiveness)를 평가하는 요소이다. 참고적으로 데이터베이스 시스템 질의에 대해서는 정확도 및 회상도를 고려하지 않는데, 그 이유는 무엇인가?

1.2 역 색인

Inverted Index (1/2)

For each term t, we store a list of all documents that contain t

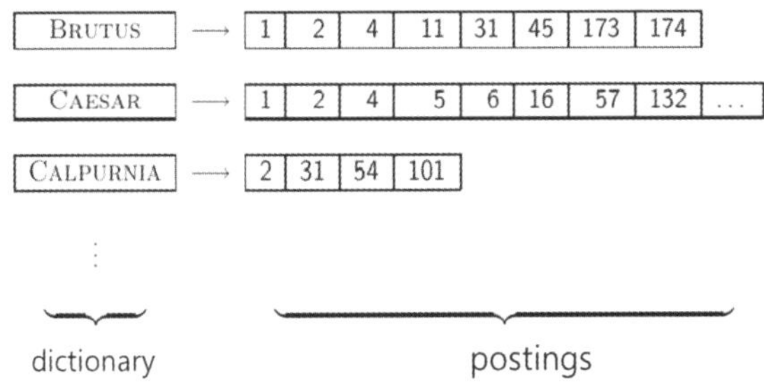

14

역 색인 (1/2)

역 색인은 directory 및 posting 두 가지 요소로 구성되며, directory는 용어 순으로 정렬(알파벳 순)되어 있고, posting는 문서 번호(DocID) 순으로 정렬되어 있다.

상기와 같은 구조를 왜 역 색인이라 명명되었는지 생각해 보길 바랍니다. (예를 들어 B-tree 구조와 비교하여 가장 큰 차이점이 무엇인가???)

Inverted Index (2/2)

- dictionary (vocabulary, lexicon)
- postings list (inverted list)
- The dictionary and postings are sorted !!!
- The dictionary is commonly kept in memory, with pointers kept on disk

15

역 색인 (2/2)

directory, vocabulary, lexicon은 동의어이다.

보통 directory는 주기억장치에 상주하고, posting list는 디스크에 저장 관리된다.

Inverted Index Construction

- Collect the documents to be indexed:
  Friends, Romans, countrymen. | So let it be with Caesar | ...
- Tokenize the text, turning each document into a list of tokens: Friends | Romans | countrymen | So | ...
- Do linguistic preprocessing, producing a list of normalized tokens, which are the indexing terms:
  friend | roman | countryman | so | ...
- Index the documents that each term occurs in by creating an inverted index, consisting of a dictionary and postings

16

Indexer steps (1/4) : Tokenization

- Doc 1
  - I did enact Julius Caesar I was killed i' the Capitol; Brutus killed me.
- Doc 2
  - So let it be with Caesar. The noble Brutus hath told you Caesar was ambitious.
- Sequence of (token, DocID) pairs

I	1
did	1
enact	1
julius	1
caesar	1
i	1
was	1
killed	1
i'	1
the	1
capitol	1
brutus	1
killed	1
me	1
so	2
let	2
it	2
be	2
with	2
caesar	2
the	2
noble	2
brutus	2
hath	2
told	2
you	2
caesar	2
was	2
ambitious	2

17

역 색인 생성

색인 생성 단계를 보인다.

정보검색 시스템이 대상으로 하는 문서는 자연어로 표현되어 있고 문서 수집, 가공, 검색과정에서 자연어를 처리하여야 하므로, 자연어 처리(natural language processing) 기술이 정보검색 분야에서는 필요하다. 상기 예제에서는 문서에 나오는 단어를 소문자로 변환하고 또한 단수형으로 변환하였다.

색인 생성 과정 (1/4) : 토큰화

다음 4개 슬라이드는 색인 생성 과정을 간단히 설명한다. 토큰화는 색인 대상이 되는 용어이며, 대상 언어의 고유한 특성을 반영하여 토큰화를 수행하여야 한다.

모든 단어는 소문자로 변환되었으며, 문장부호(semi-colon, period)는 삭제되었다.

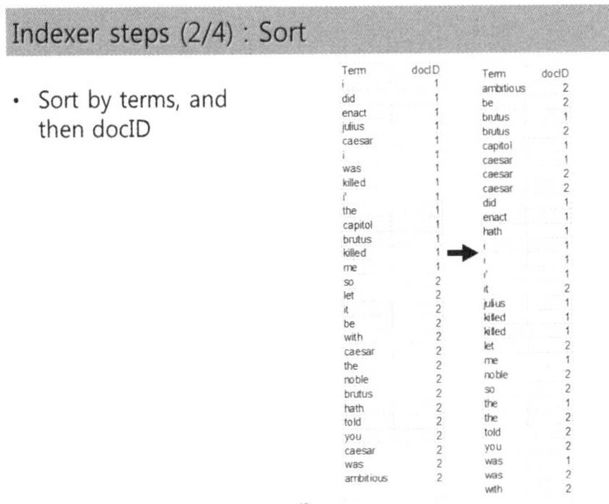

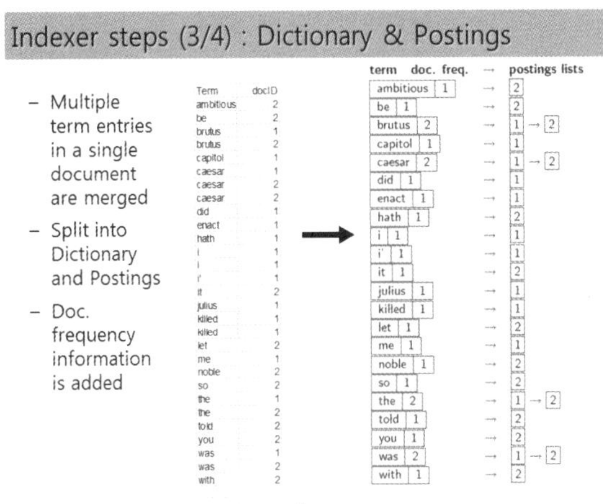

색인 생성 과정 (2/4) : 정렬

색인 과정에서 정렬은 필수 단계이다. 참고적으로 다른 색인 구조에서도 정렬 과정은 존재한다.

색인 생성 과정 (3/4) : Dictionary 및 포스팅

상기 예제는 term에 대한 문서 빈번도(document frequency)를 생성 관리하고 있다. 색인에서 관리되어야 하는 항목은 이 외에도 매우 다양하다.

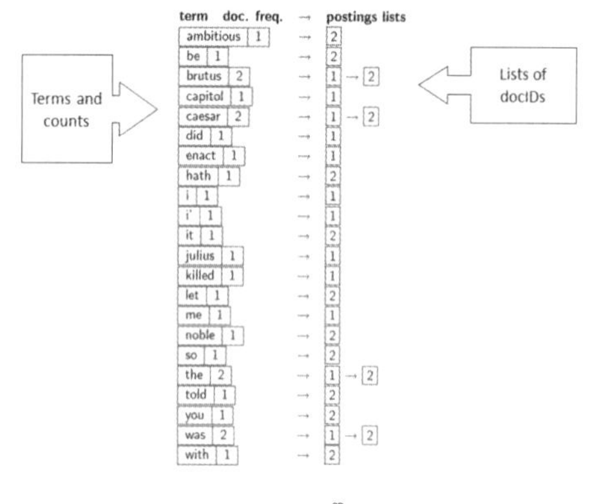

색인 생성 과정 (4/4)

색인의 최종 결과를 보인다. 정보검색 시스템은 효율적으로 색인을 생성하고 관리하여야 한다.

1.3 부울린 질의 처리

Simple conjunctive query (two terms)

- Query: BRUTUS AND CALPURNIA
- To find all matching documents using inverted index
  - Locate BRUTUS in the dictionary
  - Retrieve its postings list from the postings file
  - Locate CALPURNIA in the dictionary
  - Retrieve its postings list from the postings file
  - Intersect the two postings lists

23

간단 논리곱 질의

두 개 용어로 구성되는 논리곱 질의를 처리하는 방법 설명이다.

Intersecting two posting lists (1/2)

- Consider the query: BRUTUS AND CALPURNIA

BRUTUS	⟶	1 → 2 → 4 → 11 → 31 → 45 → 173 → 174
CALPURNIA	⟶	2 → 31 → 54 → 101
Intersection	⟹	2 → 31

24

Intersecting two posting lists (2/2)

```
INTERSECT(p1, p2)
answer ← ⟨ ⟩
while p1 ≠ NIL and p2 ≠ NIL
do if docID(p1) = docID(p2)
      then ADD(answer, docID(p1))
           p1 ← next(p1)
           p2 ← next(p2)
      else if docID(p1) < docID(p2)
              then p1 ← next(p1)
              else p2 ← next(p2)
return answer
```

- O(N) complexity (N: the number of documents)
- Note that this only works if postings lists are sorted

25

두 리스팅 교차 (1/2)

두 리스팅 교차 (2/2)

상기 알고리즘의 시간 복잡도는 O(N), 즉 문서 개수에 선형적으로 비례한다. 기본적으로 두 리스트(list)에 존재하는 원소(element)의 병합(merge) 연산이다.

문서의 아이디가 동일하면 교집합 조건을 만족하므로 반환 문서(answer 자료형)에 첨가하고 각 포인터를 다음 원소로 이동한다. 그렇지 않으면(문서 아이디가 동일하지 않으면), 문서 아이디를 비교하여 문서번호가 적은 쪽의 포인터를 다음 문서로 이동한다. 두 개의 포인터 중 하나라도 NIL 값이 나오면 더 이상 원소가 없다는 의미이므로 병합을 종료한다.

Query processing exercise

- Query: ((PARIS AND NOT FRANCE) OR LEAR)

FRANCE → 1 → 2 → 3 → 4 → 5 → 7 → 8 → 9 → 11 → 12 → 13 → 14 → 15
PARIS → 2 → 6 → 10 → 12 → 14
LEAR → 12 → 15

26

Query Optimization (1/4)

- Consider a query that is an AND of n terms, n > 2
  - Example query: BRUTUS AND CALPURNIA AND CAESAR
- For each of the terms, get its postings list, then and them together
  - What is the best order for processing this query?

27

질의 처리 연습

(PARIS and NOT FRANCE) 결과는 6→10이므로, ((PARIS and NOT FRANCE) or LEAR)의 결과는 6→10→12→15 이다.

질의 최적화 (1/4)

Query Optimization (2/4)

- Query: BRUTUS AND CALPURNIA AND CAESAR
- Simple and effective optimization: Process in order of increasing frequency
  - Start with the shortest postings list, then keep cutting further
- In this example, first CAESAR, then CALPURNIA, then BRUTUS

BRUTUS ⟶ 1 → 2 → 4 → 11 → 31 → 45 → 173 → 174
CALPURNIA ⟶ 2 → 31 → 54 → 101
CAESAR ⟶ 5 → 31

28

Query Optimization (3/4)

```
INTERSECT(⟨t1, ..., tn⟩)
1  terms ← SORTBYINCREASINGFREQUENCY(⟨t1, ..., tn⟩)
2  result ← postings(first(terms))
3  terms ← rest(terms)
4  while terms ≠ NIL and result ≠ NIL
5  do result ← INTERSECT(result, postings(first(terms)))
6      terms ← rest(terms)
7  return result
```

29

질의 최적화 (2/4)

다수개 용어에 대한 논리합 연산을 하는 경우, 포스팅이 가장 적은 용어를 가장 먼저 처리하는 것이 유리하다. 포스팅이 가장 긴 용어로부터 연산을 하는 경우와 비교해 보면 그 이유를 알 수 있다.

질의 최적화 (3/4)

상기 슬라이드는 주어진 용어 t_1, ..., t_n이 모두 존재하는 문서를 찾는 알고리즘이다. 주어진 용어를 포스팅 크기의 오름차순으로 정렬하고(라인 1), 그 중 첫째 용어를 result 포인터에 할당하고(라인 2), 나머지 용어 리스트는 terms 포인터에 할당(라인 3)한다.

첫 째 용어 포인터와 두 번째 용어 포인터를 이용하여 두 용어에 대한 교집합 문서를 구하고(라인 5), 그 결과와 다음 차례 용어와의 교집합 문서를 구하며(라인 6), 이러한 연산을 두 개의 포인터 모두가 nil이 아닌 값을 유지하는 한 계속한다.

다수 개 용어의 교집합 문서를 효과적으로 찾기 위하여 상기 알고리즘은 리스팅 개수가 적은 용어부터 intersect 알고리즘을 호출한다.

Query Optimization (4/4)

- Query: (Madding OR Crowd) and (Ignoble OR Strife)
- Get frequencies for all terms
- Estimate the size of each OR by the sum of its frequencies (conservative)
- Process in increasing order of OR sizes

30

질의 최적화 (4/4)

AND, OR 연산이 혼재하는 질의의 경우에도, 중간 결과 크기를 최소화하는 방향으로 질의어를 처리한다.

Boolean Queries

- The Boolean retrieval model can answer any query that is a Boolean expression
  - Boolean queries use AND, OR and NOT to join query terms
  - Views each document as a set of terms
  - always precise (document matches condition or not !!!)
- Primary commercial retrieval tool for 3 decades until mid 1990s
- Many professional searchers still like Boolean queries
  - You know exactly what you are getting !!!
  - Many search systems are also Boolean
    - spotlight of Mac, email, intranet etc.

31

부울린 질의

부울린 검색 모델에 대한 전반적인 설명이다. 아직도 다수의 응용에서 사용되고 있으며, 질의 용어가 명백하게 포함된(또는 포함되지 않은) 문서가 결과문서로 항상 반환된다.

Does Google use the Boolean model?

- On Google, the default interpretation of a query [w_1 w_2 ... w_n] is [w_1 and w_2 and ... w_n]
- Cases where you get hits that do not contain one of the w_i
  - anchor text
  - page contains variant of w_i (morphology, spelling correction, synonym)
  - long queries (n large)
  - Boolean expression generates very few hits
- Simple Boolean vs. Ranking of result set
  - Simple Boolean retrieval returns matching documents in no particular order
  - Google (and most well designed Boolean engines) ranks the result set
    - they rank good hits (according to some estimator of relevance) higher than bad hits

32

구글이 부울린 모델을 사용하는가?

대부분의 검색 엔진은 단순한 부울린 모델을 지원하기 보다는, 랭크 검색을 지원한다.

랭크검색 모델에서는 사용자는 주로 검색어의 나열로 구성되는 질의문을 작성하고, 검색 시스템이 질의에 적합한 문서를 랭크하여 사용자에게 반환한다. 검색 시스템이 자체적으로 정한 원칙에 의거하여 사용자에게 관련도 순위대로 문서를 반환하며, 경우에 따라서는 검색어가 존재하지 않은 문서가 반환되기도 한다.

본 교재는 랭크 검색 모델 중에서 가장 많이 사용되는 벡터 공간 모델을 후에 상세히 설명한다.

문서 처리

Subtopics

- Tokenization
- Normalization
- Skip pointers
- Phrase queries
- Directories
- Wildcard queries

2

구성

본 장에서는 문서 처리시에 고려하여야 기술적인 이슈를 고려한다. 단순하게 보면 문서란 문자의 리스트이지만, 문서 처리시에 발생하는 중요한 기술적인 사안을 본 장에서 살펴본다. 구체적으로는 토큰화, 정규화, 스킵 포인터, 구절질의, 디렉토리 구성, 와일드카드 질의 등에 관하여 살펴본다.

2.1 토큰화

Documents

- A document should be a list of characters
  - An English text in ASCII encoding is very straightforward
- But things get complex in reality
  - We need to deal with format and language of each document
  - What format is it in? pdf, word, excel, html etc.
  - What language is it in?
  - What character set is in use?
  - What about XML documents?
  - Each of the above is a classification problem
- Alternatively use heuristics

4

문서

단순한 관점에서 보면 문서란 문자의 리스트이지만, 문서를 정확하게 결정하는 것은 간단한 문제가 아니다. 문서내의 형식, 언어, encoding 방식, 마크업 태그(XML 문서) 등을 고려하여야 한다.

"What is a document" is not trivial

- A single document usually contains terms of several languages
  - Sometimes a document or its components contain multiple languages/formats (French email with Spanish pdf attachment)
- What is the document unit for indexing?
  - A single file
  - An email
  - email body vs attachment
  - A group of files (ppt or latex in HTML)?
  - issues in XML
- Answering the question "what is a document?" is not trivial and requires some design decisions

5

Definitions

- Word
  - A delimited string of characters as it appears in the text
- Token
  - An instance of a word or term occurring in a document as a useful semantic unit for processing
- Type
  - The class of all tokens containing the same character sequence
- Term
  - A "normalized" word (case, morphology, spelling etc.)
  - An equivalence class of words
  - A type that is included in the IR system's dictionary
- Example
  - document: to sleep perchance to dream
  - 5 tokens, 4 types (2 instances of "to"), 3 terms ("to" is a stop word)

6

문서

ppt 화일인 경우 각 page를 문서로 정의할 것인지,아니면 다수 page의 sequence를 문서로 정의할 것인지, XML 화일 전체를 문서로 할 것 인지, 아니면 XML 문서의 각 원소를 문서로 할 것인지, 전자메일의 첨부화일을 독립적인 문서로 처리할 것인지, 첨부화일이 zip 화일이면 각 압축화일을 문서로 할 것인지 또는 zip 첨부화일은 하나의 문서로 할 것인지 등 문서를 구체적으로 정의하여야 한다.

색인 문서를 구체적으로 정하는 것(대상, 범위)은 간단한 문제가 아니며, 정보검색 시스템의 설계 이슈이다.

정의들

word, token, type, term에 대한 정의이다.

색인은 용어(term)을 기준으로 구성된다. 사용자가 제시하는 질의를 효율적으로 처리하기 위하여, 문서에 나오는 단어를 전처리(pre-processing)하여 색인용 단어 즉, 용어를 생성하여야 한다.

morphology(형태론) : 형태론은 단어의 어형변화(語形變化)와 그 구성을 다루는 문법적 연구이다. 언어에서 의미를 가진 가장 기본단위인 형태소를 분석하고 형태소간의 상관관계를 규명하는 학문이다. 형태소의 됨됨이, 그 종류, 그리고 그것이 모여서 낱말을 만드는 방법, 또는 낱말을 형태소로 분석하는 방법을 연구한다.

In linguistics, **morphology** is the study of words, how they are formed, and their relationship to other words in the same language. It analyzes the structure of words and parts of words, such as stems, root words, prefixes, and suffixes. Morphology also looks at parts of speech, intonation and stress, and the ways context can change a word's pronunciation and meaning.

Exercises

- In June, the dog likes to chase the cat in the barn.

- How many and what tokens ?
- How many and what types ?
- How many and what terms ?

7

Tokenization

- What are correct tokens to use???
  - Each token is a candidate for a postings entry
  - Dropping whitespaces and punctuation characters is just the starting point
- Example
  - Mr. O'Neill thinks that the boys' stories about Chile's capital aren't amusing
  - For "O'Neill", we have (neill), (oneill), (o'neill), (o) and (neill), (o') and (neill)
  - For "aren't", we have (aren't), (arent), (are) and (n't), (aren) and (t)
- The choice determines which Boolean queries will match
- We need to tokenize both documents and queries

8

연습문제

- 토큰 :

(in), (June), (the), (dog), (like), (to), (chase), (the), (cat), (in), (the), (barn)

총 12개

- 타입 :

(in), (june), (the), (dog), (like), (to), (chase), (cat), (barn)

총 9개

- 용어 :

(june), (dog), (like), (chase), (cat), (barn)

총 6개

토큰화

토큰화는 문서를 쪼개서 작은 단위의 토큰으로 만드는 작업이다. 토큰화의 시작은 특정 문자 제거, 문장부호 제거 등으로부터 시작하는데, 올바른 토큰을 정의하는 것은 간단하지 않다.

상기 예제에서 O'Neill의 토큰화 결과는 다양할 수 있는데, 그 결정은 사용자의 어떤 질의어에 해당 문서를 반환하여야 하는 결정에 귀착된다.

마지막으로 토큰화는 해당 언어 특정에 매우 종속적임을 강조한다.

Numbers, URL, Computer terms, ...

- 3/20/91, 20/3/91, Mar 20, 1991 (date)
- C++, C#, C (programming language)
- B-52 (aircraft name)
- M*A*S*H (TV program)
- 100.2.86.144 (IP address)
- (800) 234-2333, 800.234.2333
- honggildong@ssu.ac.kr (email address)
- www.ssu.ac.kr (URL)
- 1Z9999W99845399981 (package tracking number)

- Older IR systems may not index numbers, but such tokens help search well

9

One/two/several tokens

- Hyphens
  - Hewlett-Packard
  - state-of-the-art
  - co-education
  - the hold-him-back-and-drag-him-away maneuver
- Non-separating whitespaces
  - San Francisco (Los Angeles)
  - Los Angeles-based company
  - cheap San Francisco-Los Angeles fares
  - New York University (vs. York University)
- One solution is to cover all cases
  - "over-eager" will search "over-eager", "overeager", "over eager"

10

숫자, URL, 컴퓨터 용어 등

상기 토큰들은 예전에는 불필요하다고 생각하여 색인하지 않았으나, 최근에는 검색에서 효용성이 입증되면서 상기 토큰들을 색인하고 있다.

한/두/다수 토큰

하이픈이 존재하는 경우 토큰 개수는 여러 상황을 고려하여 결정하여야 한다. 예를 들어, co-education 또는 state-of-the-art은 한 토큰으로 표시하는 것이 맞고, the hold-him-back-and-drag-him-away maneuver는 다수개의 토큰으로 표시하는 것이 올바르다.

또한 분리하지 않은 빈칸도 고려하여야 하는데, cheap San Francisco-Los Angeles fares는 cheap, San Francisco, Los Angeles, fare 4개 토큰으로 처리하여야 한다. New York University는 New York과 University 2개 토큰으로 처리함이 좋으며, New York를 한 토큰으로 처리하지 않으면 York University가 검색 결과에 나올 수 있다.

현실적인 방법은 사용자에게 하이픈 사용을 최대한 권장하고, 검색 시스템은 사용자 검색어를 가능한 모든 경우를 검색하는 방식으로 변환하여 검색을 하는 것이다.

Stop words

- Stop words = extremely common words which would appear to be of little value in helping select documents matching a user need
  - a, an, and, are, as, at, be, by, for, from, has, he, in, is, it, its, of, on, that, the, to, was, were, will, with
  - Ranging (200-300) terms to (7-12) terms
- Stop word elimination used to be standard in older IR system
- But you need stop words for phrase queries
  - As we may think (article name)
  - King of Chosun Dynasty (phrase)
  - To be or not to be, Let it be, ...
- Most web search engines index stop words

11

스톱 단어

영어에서 스톱 단어는 별다른 뜻이 없는 주로 전치사이며, 색인시에 제외한다.

구절 질의(phrase query)를 지원하기 위해서는 스톱 단어를 색인하기도 한다.

Tokenization issues are language-specific !!!

- Korean
- English
- Russian
- Chinese
- Japanese
- French
- Germany
- etc.

12

토큰화는 특정 언어에 종속적이다.

토큰화 방법은 대상 언어에 따라 많은 차이를 보인다.

문서를 대상으로 하는 정보검색 분야를 자연어 처리 전공자가 관심을 가지는 이유 중의 하나이기도 하다. 문서는 자연어로 작성하게 되고, 이를 처리하는 자연어 처리 기술은 정보검색 분야에서 중요한 위치를 차지하고 있다.

Chinese (1/2) : No whitespace

莎拉波娃现在居住在美国东南部的佛罗里达。今年４月９日，莎拉波娃在美国第一大城市纽约度过了１８岁生日。生日派对上，莎拉波娃露出了甜美的微笑。

13

Chinese (2/2) : Ambiguous segmentation

- The two characters can be treated as one word meaning 'monk' or as a sequence of two words meaning 'and' and 'still'

14

중국어(1/2)

상기 슬라이드는 중국 간체자로 작성한 문서이다. (한국에서 우리가 쓰는 한자는 번체자이다)

중국어에는 띄어쓰기가 없으며, 그 결과 토큰화가 용이하지 않다. 단어간의 띄어쓰기 뿐만 아니라, 문장간의 띄어쓰기도 없다.

중국어(2/2)

중국어는 띄어쓰기가 없기 때문에 중국어 처리는 연속된 단어를 색인하는데, 2 단어, 3 단어, 또는 4 단어 단위로 색인한다. 이 경우 상기와 같이 애매모호한 경우가 발생하기도 한다.

화상 : [명사] (불교의) 중, 승려, 비구(승), 스님

(참고적으로 한국서 사용되는 중국말과 중국에서 사용되는 중국말에 차이가 있음)

Japanese

ノーベル平和賞を受賞したワンガリ・マータイさんが名誉会長を務めるＭＯＴＴＡＩＮＡＩキャンペーンの一環として、毎日新聞社とマガジンハウスは「私の、もったいない」を募集します。皆様が日ごろ「もったいない」と感じて実践していることや、それにまつわるエピソードを８００字以内の文章にまとめ、簡単な写真、イラスト、図などを添えて１０月２０日までにお送りください。大賞受賞者には、５０万円相当の旅行券とエコ製品２点の副賞が贈られます。

- 4 different "alphabets": Chinese characters, hiragana syllabary for inflectional endings and functional words, katakana syllabary for transcription of foreign words and other uses, and latin.
- No spaces (as in Chinese)
- End user can express query entirely in hiragana!

15

일본어

일본어의 특성을 보여준다.

2.2 정규화

Normalization (1/2)

- Token normalization is the process of canonicalizing tokens so that matches occur despite superficial differences in the character sequences of the tokens
  - Example: We want to match U.S.A. and USA
- Need to "normalize" terms in indexed text as well as query terms into the same form

17

정규화 (1/2)

외형적으로 다른 토큰을 서로 검색하게 하는 필요성이 존대하며, 정규화 과정에서 이를 해결한다. 예를 들어, U.S.A와 USA는 서로 다른 문자열이지만 의미적으로 동일하게 단어로 처리하고자 정규화를 하여야 한다.

정규화의 결과는 용어이며, 용어는 정규화된 단어 타입(type)로서, 색인 대상 단어이다.

Normalization (2/2)

- Most commonly, we implicitly define equivalence classes of terms
- Alternatively: do asymmetric expansion
  - window → window, windows
  - windows → Windows, windows, window
  - Windows (no expansion)
  - Why don't you want to put window, Window, windows, and Windows in the same equivalence class?

18

Accents and diacritics

- Accents:
  - résumé (French) vs. resume (simple omission of accent)
  - cliché vs cliche Umlauts: Universität vs. Universitaet (substitution with special letter sequence "ae")
- Most important criterion: How are users likely to write their queries for these words?
- Even in languages that standardly have accents, users often do not type them !!!

19

정규화 (2/2)

정규화를 달성하는 가장 흔한 방법은 equivalence class를 암시적으로 생성하는 것이다. 예를 들어, anti-discriminatory와 antidiscriminatory를 antidiscriminatory로 변환하는 것이다. 또한 equivalence class를 명시적으로 생성하지 않고, 하이픈을 제거한다는 규칙을 활용하여 equivalence class를 암시적으로 관리할 수 있다.

액센트 및 발음기호

액센트 및 발음기호도 정규화 과정에서 처리한다.

사용자가 질의를 작성할 가능성이 가능 높은 형태로 정규화하는 것이 좋다. 또한 사용자는 여러 가지 이유로 발음기호를 질의문에 정확하게 입력하지 않은 경우가 많다.

Case folding

- Reduce all letters to lower case
  - MIT vs. mit
  - Fed vs. fed
- Possible exceptions: capitalized words in mid-sentence
- It's often best to lowercase everything since users will use lowercase regardless of correct capitalization

20

대소문자 변환

More equivalence class

- Soundex
  - phonetic equivalence
  - Muller = Mueller
- Thesauri
  - semantic equivalence
  - car = automobile

21

동등 클래스

사운드가 유사한 단어를 동일 클래스로 처리하기도 하고, 동의어 사전을 활용하여 동의어를 동일 클래스 단어로 처리한다.

사용자 질의어의 오타(typo) 해결에 Soundex를 사용하기도 한다.

Soundex is a phonetic algorithm for indexing names by sound, as pronounced in English. The goal is for homophones to be encoded to the same representation so that they can be matched despite minor differences in spelling. Soundex is the most widely known of all phonetic algorithms (in part because it is a standard feature of popular database software such as DB2, PostgreSQL, MySQL, Ingres, MS SQL Server and Oracle) and is often used (incorrectly) as a synonym for "phonetic algorithm".

```
Select lastName, firstName   /* Oracle example */
from employee
where soundex(lastName) = soundex('SMYTHE');
```

Lemmatization

- Reduce inflectional/variant forms to base form
- Example:
  - am, are, is → be
  - car, cars, car's, cars' → car
  - the boy's cars are different colors → the boy car be different color
- Lemmatization implies doing "proper" reduction to dictionary headword form (the lemma)
  - Inflectional morphology (cutting → cut) vs. derivational morphology (destruction → destroy)

22

Stemming

- Reduce terms to their "roots" before indexing
- Stemming suggests crude affix chopping
  - Language dependent
  - Often inflectional and derivational
- Example
  - automate, automatic, automation → automat
  - for example compressed and compression are both accepted as equivalent to compress → for exampl compress and compress ar both accept as equival to compress

23

lemmatization

lemmatization는 단어의 기본형을 생성하는 과정이다.

Lemmatization usually refers to doing things properly with the use of a vocabulary and morphological analysis of words, normally aiming to remove inflectional endings only and to return the base or dictionary form of a word, which is known a lemma.

스테밍

스테밍은 어근을 찾아가는 과정으로 아래는 스테밍에 관한 또 다른 설명이다.

Stemming is a crude heuristic process that chops off the ends of words in the hope of achieving what "principled" lemmatization attempts to do with a lot of linguistic knowledge, and often includes the removal of derivational affixes.

lemmatization와 스테밍은 토큰의 기본적인 형태로 변환하는 것이 목적이지만, 스테밍은 주로 derivaltion 관련 단어를 제거하며, lemmatization은 주로 inflectional 형태를 제거한다는 점에서는 서로 차이가 있다.

saw란 토큰에 대하여 스테밍은 s를 반환하고, lemmatization은 (사용법에 따라) see 또는 saw를 반환할 것이다.

Porter algorithm (1/2)

- Most common algorithm for stemming English
- Results suggest that it is at least as good as other stemming options
- 5 phases of word reductions
  - phases are applied sequentially
  - Each phase consists of a set of commands + conventions to select rules
  - Sample convention: Of the rules in a compound command, select the one that applies to the longest suffix

24

Porter algorithm (2/2)

- Sample command: Delete final "ement" if what remains is longer than 1 character
  - replacement → replac
  - cement → cement
- Sample convention: Of the rules in a compound command, select the one that applies to the longest suffix

Rule	Example
· SSES → SS	caresses → caress
· IES → I	ponies → poni
· SS → SS	caress → caress
· S →	cats → cat

25

포터 알고리즘 (1/2)

포터 알고리즘은 영어에 대한 스테밍 알고리즘으로 가장 널리 쓰인다. 알고리즘 자체는 매우 길고 복잡하며, 포터 알고리즘의 공식 사이트는 아래와 같다.

http;//www.tartarus.org/~martin/PorterStemmer

포터 알고리즘 (2/2)

Three stemmers: A comparison

- Such an analysis can reveal features that are not easily visible from the variations in the individual genes and can lead to a picture of expression that is more biologically transparent and accessible to interpretation
- Porter stemmer: such an analysi can reveal featur that ar not easili visibl from the variat in the individu gene and can lead to pictur of express that is more biolog transpar and access to interpret
- Lovins stemmer: such an analys can reve featur that ar not eas vis from th vari in th individu gen and can lead to a pictur of expres that is mor biolog transpar and acces to interpres
- Paice stemmer: such an analys can rev feat that are not easy vis from the vary in the individ gen and can lead to a pict of express that is mor biolog transp and access to interpret

26

세 가지 스테머 비교

포터 알고리즘 외에, 다른 스테머로는 Lovins 스테머(1968)와 Paice/Husk 스테머(1990)가 있다.

Does stemming improve effectiveness?

- In general, stemming increases effectiveness for some queries, and decreases effectiveness for others
- Queries where stemming is likely to help:
  - [tartan sweaters], [sightseeing tour san francisco] (equivalence classes: {sweater,sweaters}, {tour,tours})
- Porter Stemmer equivalence class 'oper' contains all of operate operating operates operation operative operatives operational
  - Queries where stemming hurts: [operational AND research], [operating AND system], [operative AND dentistry]
- Stemming increases recall while harming precision !!!

27

스테밍은 효율성을 향상시키는가?

스테밍으로 인하여 해가 되는 예제 중에서, 'operating and system'는 operating으로 검색을 하여야만 하는데, 스테밍을 하면 oper로 검색을 하게 되어 다른 단어(operational, operation, operative 등)와 연결된 system까지 검색을 한다. precision이 안 좋은 검색 결과를 반환한다.

Spanish, German, Finnish 등과 같은 언어에서는 스테밍이 좋은 결과를 보인다고 한다. (Finnish인 경우 30% 향상)

operative dentistry : 수술치과학, 질환, 외상 혹은 이상성장에 의한 치아의 결함부분을 정상의 기능, 건강상태에 관여하는 치과학의 한 분야.

What about Korean???

- 자연어 처리 기술
- 형태소 분석(morphological analysis)

28

한국어 처리는 어떻게 하는가?

한국어는 영어와 타르게 축약, 탈락현상 등이 나타나 자연 언어 처리를 하기에 난해하다고 한다. 형태소 분석이나 구문 분석 등의 성능도 확실히 영어에 비해 한국어 자연 언어처리의 성능이 떨어지는 것을 볼 수 있다.

* 한국어 형태소 분석의 예
- 입력문장: 소년이 소녀를 사랑했다.
- 분석결과:
소년/명사 + 이/주격조사 + 소녀/명사 + 를/목적격조사 + 사랑하/동사 + ㅆ/과거시제선어말어미 + 다/종결어미 + ./기호

2.3 스킵 포인터

Recall basic intersection algorithm

- Walk through the two postings simultaneously, in time linear in the length of the postings lists
  - If the list lengths are m and n, the merge takes O(m+n) operations
- Can we do better?

BRUTUS ⟶ 1 → 2 → 4 → 11 → 31 → 45 → 173 → 174
CALPURNIA ⟶ 2 → 31 → 54 → 101
Intersection ⟹ 2 → 31

30

기본 교차 알고리즘

skip pointer를 이용하여 교차 알고리즘을 좀 더 효율적으로 수행할 수 있으며, 단 문서가 자주 변경되지 않은 경우이어야 한다.

정보검색의 문서는 일반적으로 갱신 연산이 빈번하게 발생하지 않는다. 법령, 특허, 규정에 관한 검색 시스템은 대상 문서가 거의 변경되지 않는다고 가정할 수 있다.

Skip pointers

- Skip pointers allow us to skip postings that will not figure in the search results
- This makes intersecting postings lists more efficient
- Some postings lists contain several million entries – so efficiency can be an issue even if basic intersection is linear
- Where do we put skip pointers?
- How do we make sure intersection results are correct?

31

Basic idea

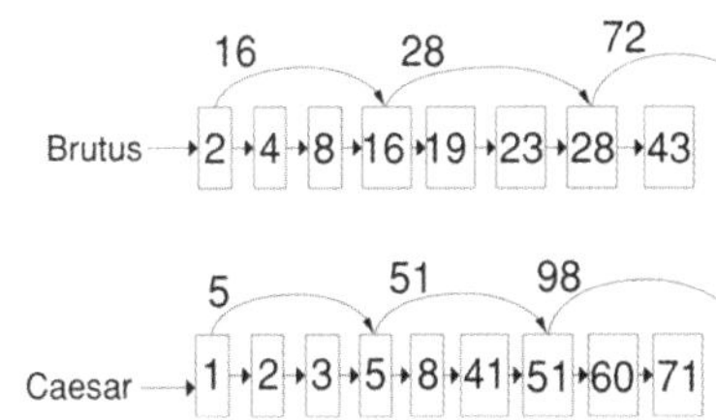

32

스킵 포인터

상황에 따라서는 문서의 개수가 수백만 개일 수 있으며, 이 경우 포스팅의 길이는 아주 길다. 이 경우 스킵 포인터는 활용하여 효율적으로 교차 연산을 수행할 수 있다.

기본 아이디어

두 개 리스트의 교차를 구한다고 가정하자. 어느 시점에서 교차가 되는 8 포지션을 처리하였다고 하면, 두 개 리스팅의 다음을 검색하여 다음 교차 포지션을 구하여야 한다.

상위 리스트의 다음 포지션은 16이고, 아래 리스트의 다음 포지션이 41인데, 16의 스킵 포인터 값 28이 41보다 작으므로, 16 포지션에서 28 포지션으로 점프가 가능하며, 이 경우 19 및 23 포지션을 생략할 수 있다.

참고적으로 스킵 포인터는 AND 연산에서는 활용이 가능하나, OR 연산에서는 활용이 불가능하다.

Intersection with skip pointers

```
INTERSECTWITHSKIPS(p1, p2)
1  answer ← ⟨ ⟩
2  while p1 ≠ NIL and p2 ≠ NIL
3  do if docID(p1) = docID(p2)
4       then ADD(answer, docID(p1))
5            p1 ← next(p1)
6            p2 ← next(p2)
7       else if docID(p1) < docID(p2)
8               then if hasSkip(p1) and (docID(skip(p1)) ≤ docID(p2))
9                       then while hasSkip(p1) and (docID(skip(p1)) ≤ docID(p2))
10                             do p1 ← skip(p1)
11                      else p1 ← next(p1)
12              else if hasSkip(p2) and (docID(skip(p2)) ≤ docID(p1))
13                      then while hasSkip(p2) and (docID(skip(p2)) ≤ docID(p1))
14                             do p2 ← skip(p2)
15                      else p2 ← next(p2)
16 return answer
```

33

스킵 포인터를 이용하는 교차 연산 알고리즘

줄 9와 줄 13에서 while문을 사용하는 것은, 스킵 포인터를 사용하여도 상대방 리스트 포지션보다 작은 경우에는 스킵 포인터가 존재하는 한 계속 스킵을 하기 위함이다.

Where do we place skips? (1/2)

- Tradeoff: number of items skipped vs. frequency skip can be taken
  - More skips: Each skip pointer skips only a few items, but we can frequently use it
  - Fewer skips: Each skip pointer skips many items, but we can not use it very often

34

스킵 포인터 위치 (1/2)

스킵 포인터에서 중요한 것은 스킵 포인터 위치이다. 빈번한 스킵 포인터는 생략되는 포지션이 적으나 잦은 스킵을 가능하게 하고, 빈번하지 않은 스킵 포인터는 그 반대의 효과를 보인다.

Where do we place skips? (2/2)

- Simple heuristic: for postings list of length P, use $\sqrt{P}$ evenly-spaced skip pointers
  - This ignores the distribution of query terms
  - Easy if the index is static; harder in a dynamic environment because of updates.
- How much do skip pointers help?
  - They used to help a lot
  - With today's fast CPUs, they don't help that much anymore

36

스킵 포인터 위치 (2/2)

스킵 포인터의 개수 설정은 경험적으로 리스팅 길이의 제곱근(square root)이다.

예를 들어, 10,000개 리스팅이 있으면 100 포지션마다 100 포지션을 생략하는 스킵 포인터를 유지하는 것이 좋다. 1,000,000개 리스팅 경우에는 1000 포지션마다 1000 포지션을 생략하는 스킵 포인터를 권장한다.

이미 구축된 스킵 포인터 구조에서 문서 삭제가 발생하면 스킵 포인터 구조에 많은 변경이 발생하게 된다. 문서가 빈번하게 삭제/갱신되는 응용에는 적합하지 않다.

2.4 구절 질의

Phrase queries

- We want to answer a query such as "stanford university" as a phrase
  - "The inventor Stanford Ovshinsky never went to university" should not be a match
- The concept of phrase query has proven easily understood by users
  - About 10% of web queries are phrase queries
- For this, it no longer suffices to store docIDs in postings lists of inverted index
- Two ways of extending the inverted index
  - biword index
  - positional index

37

구절 질의

구절 질의는 사용자가 쉽게 이해하는 질의형태이며, 웹 질의의 약 10%가 구절 질의로 알려져 있다.

Biword indexes

- Index every consecutive pair of terms in the text as a phrase
  - For example, Friends, Romans, Countrymen would generate two biwords: "friends romans" and "romans countrymen"
- Each of these biwords is now a vocabulary term
- Two-word phrases can now easily be answered

38

두단어 색인

첫 번째 방식은 두단어 색인으로, 인접하는 두 단어를 모두 색인하는 방식이다. 두단어가 색인어가 되므로, 두 단어 구절질의는 이전 방식과 동일하게 처리하면 된다.

Longer phrase queries

- A long phrase like "stanford university palo alto" can be represented as the Boolean query
  - "stanford university" AND "university palo" AND "palo alto"
- We need to do post-filtering of hits to identify subset that actually contains the 4-word phrase

39

긴 구절 질의

세 단어 이상으로 구성되는 구절 질의는 두단어 색인의 AND 연산을 이용하여 검색이 가능하다. 그러나 이러한 방식은 false positive 현상을 발생할 수 있다.

상기 예제에서 "stanford university" AND "university palo" AND "palo alto"의 결과로 구한 문서가 실제로 4 단어가 연속적으로 나오는가를 확인하여야 한다. 이를 확인하기 위해서는 실제 문서를 검색하여야 하며, 두단어 색인만으로는 불가능하다.

Extended biwords

- Parse each document and perform part-of-speech tagging
- Bucket the terms into (say) nouns (N) and articles/prepositions (X)
  - Now deem any string of terms of the form NX*N to be an extended biword
  - Examples
    - catcher in the rye (N X X N)
    - king of Denmark (N X N)
- Include extended biwords in the term vocabulary
- Queries are processed accordingly

40

확장 두단어

영어의 경우, 명사 앞뒤의 (의미없는) 전치사를 처리하기 위하여 단어 역할을 고려하여 두단어 색인을 생성할 수 있다.

예를 들어, cost overruns on a power plant 구절을 "cost overruns" "overruns power", "power plant" 로 구성되는 세 개 두단어로 색인한다. (참고적으로 part-of-speech taggers classify words as nouns, verbs, etc. or in practice often finer-grained classes like "plural proper noun")

Issues with biword indexes

- False positives, as noted above
- Index blowup due to very large term vocabulary

- This is why biword indexes are rarely used
- Biword indexes are not the standard solution, but can be part of a compound strategy

41

두단어 색인 이슈

두단어 색인의 단점으로 인하여 널리 사용되지는 않지만, 부분적으로 사용하기도 한다.

Positional indexes

- Positional indexes are a more efficient alternative to biword indexes
  - Postings lists in a nonpositional index: each posting is just a docID
  - Postings lists in a positional index: each posting is a docID and a list of positions

    <term, number of docs containing term;

    doc1: position1, position2 ... ;

    doc2: position1, position2 ... ;

    etc.>

42

Positional index example

- Query: "to_1 be_2 or_3 not_4 to_5 be_6"
- to, 993427:
  ‹ 1, 6: ‹7, 18, 33, 72, 86, 231›;
  2, 5: ‹1, 17, 74, 222, 255›;
  4, 5: ‹8, 16, 190, **429, 433**›;
  5, 2: ‹363, 367›;
  7, 3: ‹13, 23, 191›; .... ›
- be, 178239:
  ‹ 1, 2: ‹17, 25›;
  4, 5: ‹17, 191, 291, **430, 434**›;
  5, 3: ‹14, 19, 101›; .... ›
- Document 4 is a match!

43

위치 색인

구절질의를 지원하는 두 번째 방식은 위치 색인을 사용하는 것이다. 위치 색인은 색인어가 속하는 문서번호 외에 각 문서에서 색인어가 나타나는 위치정보를 함께 저장/관리한다.

위치 색인 예제

상기 예제에서 색인어(to, be)에 옆에 나오는 값은 문서빈도(document frequency)를 의미하며, 각 문서 번호 옆에 나오는 값은 용어빈도(term frequency)를 의미한다. 색인어 to는 993427개 문서에서 발견이 되며, 1번 문서에서는 to가 6회 나오는데, 그 위치는 7, 18, 33 등이다.

상기 질의를 처리하기 위해서는 to, be, or, not에 대한 색인이 모두 필요하나, 여기서는 to와 be 색인에 대해서만 살펴보자.

우선 to와 be가 모두 나타나는 문서(결과는 문서 1, 4, 5)를 찾는다. 그 다음 to 위치보다 be 위치는 하나가 더 증가하여야 하고 동시에 처음 to 위치보다 4(질의문에서 to/be가 4 단위 뒤에 다시 나오므로)가 증가한 위치에서도 to, be가 존재하는지 확인한다 (굵은 글씨체로 표현). 문서 4가 모든 조건을 만족한다.

Proximity queries (1/2)

- Query: employment /4 place
  - Find all documents that contain EMPLOYMENT and PLACE within 4 words of each other
  - "Employment agencies that place healthcare workers are seeing growth" is a hit
  - "Employment agencies that have learned to adapt now place healthcare workers" is not a hit
- /k means "within k words of"
- Clearly positional indexes can be used for proximity queries; biword index cannot

44

Proximity queries (2/2)

- Use the positional index
- Simplest algorithm: look at cross-product of positions of (i) EMPLOYMENT in document and (ii) PLACE in document
  - Very inefficient for frequent words, especially stop words
- Note that we want to return the actual matching positions, not just a list of documents
  - This is important for dynamic summaries etc.

45

근접 질의 (1/2)

위치 색인은 근접 질의 처리시에도 사용될 수 있다.

근접 질의 (2/2)

"Proximity" intersection

```
PositionalIntersect(p1, p2, k)
answer ← ⟨ ⟩
while p1 ≠ NIL and p2 ≠ NIL
do if docID(p1) = docID(p2)
      then l ← ⟨ ⟩
           pp1 ← positions(p1)
           pp2 ← positions(p2)
           while pp1 ≠ NIL
           do while pp2 ≠ NIL
              do if |pos(pp1) − pos(pp2)| ≤ k
                    then Add(l, pos(pp2))
                    else if pos(pp2) > pos(pp1)
                            then break
                 pp2 ← next(pp2)
              while l ≠ ⟨ ⟩ and |l[0] − pos(pp1)| > k
              do Delete(l[0])
              for each ps ∈ l
              do Add(answer, ⟨docID(p1), pos(pp1), ps⟩)
              pp1 ← next(pp1)
           p1 ← next(p1)
           p2 ← next(p2)
      else if docID(p1) < docID(p2)
              then p1 ← next(p1)
              else p2 ← next(p2)
return answer
```

근접 질의 알고리즘

Positional index size (1/3)

- A positional index expands postings storage *substantially* (even though indices can be compressed)
- Nevertheless, a positional index is now standardly used because of the power and usefulness of phrase and proximity queries ... whether used explicitly or implicitly in a ranking retrieval system

47

위치 색인 크기 (1/3)

Positional index size (2/3)

- Need an entry for each occurrence, not just once per document
- Index size depends on average document size
  - Average web page has <1000 terms
  - SEC filings, books, even some epic poems ... easily 100,000 terms
- Consider a term with frequency 0.1%

Doc size	postings	positional postings
1000	1	1
100,000	1	100

48

Positional index size (3/3)

- Rules of thumb
  - A positional index is 2–4 as large as a non-positional index
  - Positional index size 35–50% of volume of original text
  - Caveat: all of this holds for "English-like" languages

49

위치 색인 크기 (2/3)

위치 색인에서는 위치 정보를 색인에 저장하여야 하기 때문에 색인 크기는 문서 크기에 의존적이다. 위치 색인에서는 문서가 크면 단어의 빈도가 많고 단어가 많이 나오면 기록하여야 하는 항목이 많아진다. 비위치 색인에서는 문서당 정보를 기록하므로 문서 크기와 색인 크기가 연관되지 않는다. 색인하고자 하는 문서의 개수는 위치 색인이나 비위치 색인에 상관없이 색인 크기에 직접 영향을 미친다.

위치 색인 크기 (3/3)

상기 경험 법칙은 영어 유사 언어에 적용된다고 한다. 영어는 게르만족의 하나인 앵글로색슨족이 AD 4세기경 유럽에 전파한 언어이며, 영어 유사 언어는 Spanish, French, Portuguese, Italian, Romanian, German, Danish, Dutch, Afrikaans(네덜란드어에서 발달한 언어로 남아프리카공화국에서 사용됨), Swedish, Norwegian 등이 있다.

Combination scheme

- Biword indexes and positional indexes can be profitably combined
- Many biwords are extremely frequent: Michael Jackson, Britney Spears etc.
- For these biwords, increased speed compared to positional postings intersection is substantial
- Combination scheme
  - Include frequent biwords as vocabulary terms in the index
  - Do all other phrases by positional intersection

50

혼합 스킴

두단어 색인과 위치 색인은 효과적으로 결합하여 사용할 수 있다. 통상 2개 단어로 사용되는 검색어는 두단어 색인을 생성하여 처리하고, 그 외의 질의는 위치 색인을 사용하는 것이다.

두단어 색인이 진가를 발휘하게 하는 검색어는 각각의 단어가 흔한 단어인 경우이다. 예를 들어, The Who (참고적으로 1960년대 영국 밴드명) 같은 경우는 두단어 색인을 사용하면 쉽게 검색이 되나, 두단어 색인을 사용하지 않으면 아주 많은 시간이 걸린다.

"Positional" queries on Google

- For web search engines, positional queries are much more expensive than regular Boolean queries
- Let's look at the example of phrase queries
- Why are they more expensive than regular Boolean queries?
- Can you demonstrate on Google that phrase queries are more expensive than Boolean queries?

51

구글에서의 위치 질의

2.5 디렉토리

Directory in inverted index

For each term t, we store a list of all documents that contain t

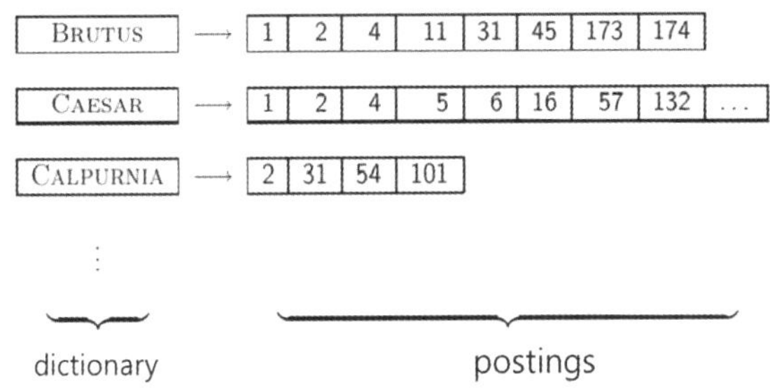

역 색인의 디렉토리

역 색인은 디렉토리(directory) 및 posting 두 가지 요소로 구성되며, 일반적으로 directory는 용어 순으로 정렬(알파벳 순)되어 있고, posting는 문서 번호(DocID) 순으로 정렬되어 있다.

본 절에서는 역 색인의 디렉토리 자료 구조에 관하여 살펴본다. 디렉토리는 용어(term) 어휘(vocabulary)를 저장하는 자료구조체이며, 관련 문서를 검색하기 위해서 가장 먼저 접근하는 장소이기도 하다.

Dictionary as array of fixed-width entries

- For each term, we need to store a couple of items:
  - document frequency
  - pointer to postings list. ...
- Assume that we can store this information in a fixed-length entry
  - Then store these entries in an array

term	document frequency	pointer to postings list
a	656,265	⟶
aachen	65	⟶
...	...	...
zulu	221	⟶

54

배열 형태의 디렉토리

디렉토리의 각 엔트리가 단일 크기(fixed-width)로 표현이 가능하면, 배열 자료를 사용하여 디렉토리를 구성할 수 있다.

Data structures for looking up term

- Two main classes of data structures: hashes and trees
- Some IR systems use hashes, some use trees
- Criteria for when to use hashes vs. trees:
  - Is there a fixed number of terms or will it keep gowing?
  - What are the relative frequencies with which various keys will be accessed?
  - How many terms are we likely to have?

55

검색을 위한 자료 구조

디렉토리가 관리하는 용어를 직접 검색하기보다 색인을 구성하여 효율적으로 디렉토리 검색이 가능하며, 이 경우 디렉토리 검색을 지원하는 색인 구조로는 해쉬와 트리가 있다.

Hashes

- Each vocabulary term is hashed into an integer.
- Try to avoid collisions
- At query time, do the following: hash query term, resolve collisions, locate entry in directory
- Pros: Lookup in a hash is faster than lookup in a tree.
  - Lookup time is constant.
- Cons
  - no way to find minor variants (resume vs. résumé)
  - no prefix search (all terms starting with automat)
  - need to rehash everything periodically if vocabulary keeps growing

56

해쉬

해쉬의 장점은 빠른 검색이다.

해쉬의 단점은 주어진 검색어의 변형을 찾기가 불가능하고(예를 들어, resume와 résumé는 다른 해쉬 값을 가지므로 다른 장소에 저장되어 있음), 범위 질의에 해당되는 접두어 질의(예를 들면, automat으로 시작되는 모든 용어)를 지원하지 못하는 것이다.

Trees

- Trees solve the prefix problem (find all terms starting with automat)
- Binary tree
  - Simplest tree
  - Search is slightly slower than in hashes: O(logM), where M is the size of the vocabulary
  - Rebalancing binary trees is expensive
- B-trees mitigate the rebalancing problem
  - Split and merge operation

57

Binary tree

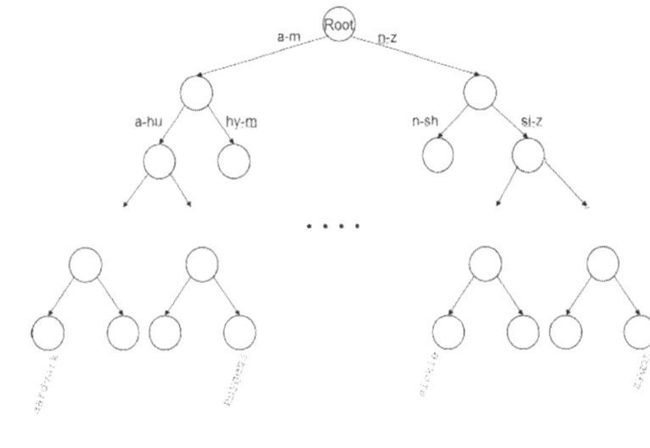

58

트리

트리 자료 구조는 접두사 검색 문제를 해결한다.

B-tree 자료 구조는 데이터베이스 분야에서 가장 널리 사용되는 자료구조체이다.

이진 트리

이진 트리란 어떤 노드의 자식의 수가 최대 2개를 넘지 않는 트리를 의미한다. 각 노드에는 자식 노드로 탐색하기 위한 분기 값이 존재한다.

상기 이진 트리는 높이가 균형(height balanced)되어 있으나, 그렇지 않은 경우 말단 노드까지 검색하는 데 시간 차이가 있다.

B-tree

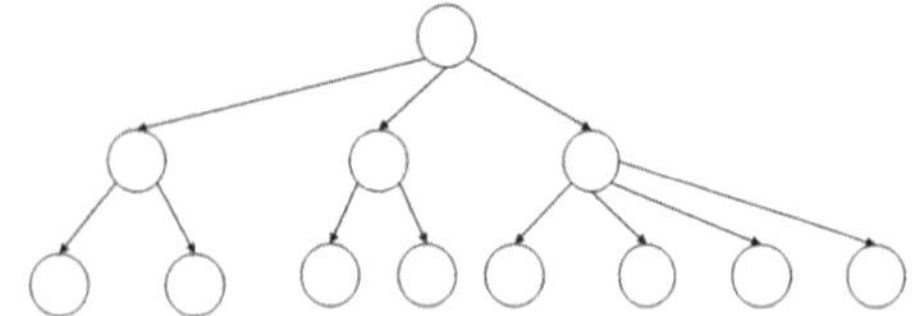

59

B-tree

B-tree 중에서 가장 널리 사용되는 것은 B^+-tree이다.

B^+-tree(order n) 정의는 다음과 같다.

- All paths from root to leaf are of the same length (a balanced tree)
- Each node that is not a root or a leaf has between n/2 and n children
- A leaf node has between (n−1)/2 and (n−1) values

B^+-tree는 각 노드의 절반 이상의 공간을 항상 사용하며(공간 활용성이 좋음), 데이터 삽입/삭제/변경시에 필요하다면 split/merge 작업하여 트리가 항상 균형(balanced)을 이루도록 한다.

2.6 와일드카드 질의

Wildcard queries (1/2)

- mon*
  - Find all docs containing any term beginning with mon
  - Easy with B-tree dictionary: retrieve all terms t in the range mon ≤ t < moo
- *mon
  - Find all docs containing any term ending with mon
  - Maintain an additional tree for terms backwards
    - Then retrieve all terms t in the range nom ≤ t < non
  - Result is a set of terms that match the wildcard query
  - Then retrieve documents that contain any of these terms

61

와일드카드 질의 (1/2)

와일드카드 질의 중에서 "mon*"와 같이 형태를 "trailing wildcard query"라고 하는데, B-tree 자료 구조를 가지는 디렉토리는 수월하게 처리할 수 있다. (B-tree는 범위 질의를 지원하므로)

와일드카드가 앞에 나오는 "*mon"와 같은 형태는 일반 B-tree 자료구조로는 처리가 불가능하고 reverse B-tree 디렉토리를 구축하여 처리할 수 있다. reverse B-tree란 용어의 반대방향으로 B-tree를 구축한 것으로 루트로부터 리프까지 검색을 하면 용어의 역순(예를 들면 mon 용어를 nom 용어로 B-tree를 구성)이 나온다. reverse B-tree를 검색하면 nom으로 시작하는 모든 용어가 검색되며, 이는 *mon 질의의 매치되는 용어이다.

Wildcard queries (2/2)

- se*mon
  - We could look up se* in the B-tree and *mon in the reverse B-tree, and intersect the two term sets
  - Then use the inverted index to retrieve all documents containing any term in the intersect
  - Expensive
- Alternatively, use permuterm index or k-gram index

62

Permuterm indexes (1/3)

- Store each of these rotations in the dictionary, say, in a B-tree
  - For term "hello", add hello$, ello$h, llohe, lohel, and o$hell to the B-tree where $ is a special symbol to mark the end of a term

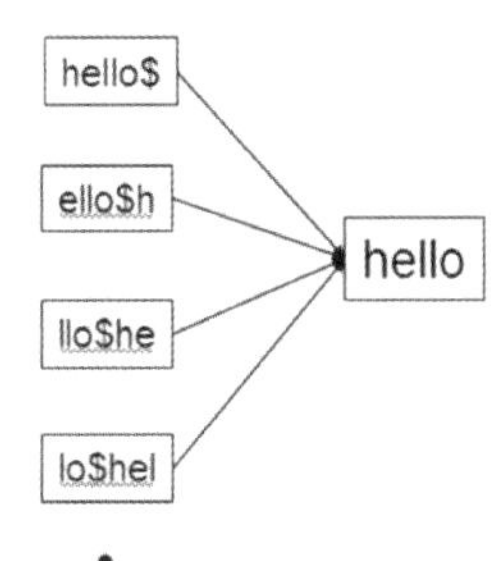

63

와일드카드 질의 (2/2)

와일드카드가 단어 중간에 존재하는 경우에는 일반 B-tree index와 reverse B-tree index를 사용하여 해결할 수 있으나, 비싼 연산이다.

퍼뮤텀(permuterm) 색인 (1/3)

상기 그림은 hello 용어에 대한 퍼뮤텀 색인 엔트리를 보인다.

퍼뮤텀 색인에서 순열된 용어의 집합을 permuterm vocabulary이라고 한다.

Permuterm indexes (2/3)

- Rotate every wildcard query, so that the * occurs at the end
- Queries
  - For X, look up X$
  - For X*, look up X*$
  - For *X, look up X$*
  - For X*Y, look up Y$X*
  - Example: For hel*o, look up o$hel*
- Permuterm index enables us to identify the original terms matching a wildcard query
- Permuterm index is also called a permuterm tree

64

퍼뮤텀 색인 (2/3)

예를 들어, 와일드카드 질의 m*n은 n$m*으로 변환이 되며, 퍼뮤텀 색인에서 이와 매취가 되는 permuterm vocabulary를 탐색하며, permuterm index를 이용하여 원래 상태의 term을 구할 수 있다.

man 용어는 man$, an$m, n$ma을 가지는 퍼뮤텀 색인이 생성되고, moron 용어는 moron$, oron$m, ronmo, onmor, n$moro을 가지는 퍼뮤텀 색인이 생성된다. n$m*와 n$ma, n$moro이 매취되므로 man, moron은 검색된다.

Permuterm indexes (3/3)

- Rotate query wildcard to the right
- Use B-tree lookup as before

- Permuterm index is simple, but can lead to a BIG blowup in terms of space
  - More than quadruple to even 10 times (empirical number)

65

퍼뮤텀 색인 (3/3)

퍼뮤텀 색인 기법에서는 와일드카드 질의를 변환하여 와일드카드가 가장 오른쪽에 나오게 하는데, 이는 이렇게 하여야만 쉽게 처리할 수 있는 범위 질의 형태가 되기 때문이다.

k-gram indexes

- More space-efficient than permuterm index
- Enumerate all character k-grams (sequence of k characters) occurring in a term
- 2-grams are called bigrams.
- Example: from April is the cruelest month we get the bigrams: $a ap pr ri il l$ $i is s$ $t th he e$ $c cr ru ue el le es st t$ $m mo on nt h$
- $ is a special word boundary symbol, as before.
- Maintain an inverted index from bigrams to the terms that contain the bigram

66

Postings list in a 3-gram inverted index

etr

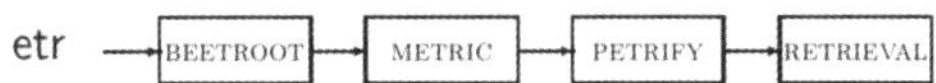

67

k-그램 색인

k-그램 역색인 포스팅

상기 그림은 etr 3-그램에 대한 역 색인을 보인다.

k-gram (bigram, trigram, . . .) indexes

- Note that we now have two different types of inverted indexes
  - The term-document inverted index for finding documents based on a query consisting of terms
  - The k-gram index for finding terms based on a query consisting of k-grams

68

k-그램 색인

Processing wildcarded terms in a bigram index

- Query mon* can now be run as $m AND mo AND on
  - Gets us all terms with the prefix mon, but also many "false positives" like MOON
- We must postfilter these terms against query
- Surviving terms are then looked up in the term-document inverted index.
- k-gram index vs. permuterm index
  - k-gram index is more space efficient
  - Permuterm index doesn't require postfiltering

69

질의 처리

Exercise

- Pick one popular portal site (domestic or abroad) and study how the wildcard queries are supported.
  - Look at the user manual first, if available.
  - You should give actual search terms and their results that show the usage/support of the wildcard.

70

On processing wildcard queries in practice

- Problem 1: we must potentially execute a large number of Boolean queries
  - Most straightforward semantics: Conjunction of disjunctions
  - For [gen* universit*]: geneva university OR geneva université OR genève university OR genève université OR general universities OR . . .
  - Very expensive
- Problem 2: Users hate to type
  - If abbreviated queries like [pyth* theo*] for [pythagoras' theorem] are allowed, users will use them a lot
  - This would significantly increase the cost of answering queries
  - Somewhat alleviated by Google Suggest

71

연습문제

Google has very limited support for wildcard queries.

- For example, this query doesn't work very well on Google:

  [gen* universit*]

- Intention: you are looking for the University of Geneva, but don't know which accents to use for the French words for university and Geneva.
- According to Google search basics, 2010-04-29: "Note that the * operator works only on whole words, not parts of words."
- But this is not entirely true. Try [pythag*] and [m*nchen]
- Why doesn't Google fully support wildcard queries?

실제 와일드카드 질의 처리에 대하여

정보검색 시스템은 와일드카드 질의를 완벽하게 지원하지 않으려고 한다. 그 대신 다른 방식(예를 들면, 검색어 추천)으로 이러한 문제를 부분적으로 해결하려고 한다.

순위 검색 모델

3.1 순위 검색
3.2 용어 빈번도
3.3 tf-idf 가중치
3.4 벡터 공간 모델

Subtopics

- Ranked retrieval
- Term frequency
- tf-idf weighting
- Vector space model

2

구성 요소

본 장에서는 순위 검색 모델을 다룬다. 부울린 검색 모델의 단점은 단순한 질의문에는 예상보다 많은 문서가 검색되는 경우가 빈번하며, 이를 방지하기 위하여 사용자는 질의문을 수정하여야 하는데 사용자는 이에 대한 충분한 지식을 가지기가 어렵다는 것이다. 순위 검색 모델은 질의문 결과 문서에 순위를 부여하는 모델이며, 이를 위하여 정보 검색 시스템에서는 다양한 문서 속성을 사용한다.

순위검색모델의 전반적인 내용을 다루고, 용어 빈번도 및 이를 활용하는 tf-idf 가중치에 대하여 공부한다. tf-idf 가중치는 가장 널리 사용되는 문서 순위화 방법이다. 마지막으로 벡터 공간 모델에 관하여 공부한다.

3.1 순위 검색

Boolean retrieval model

- Let us re-visit the Boolean retrieval model
  - Documents either match or don't
  - Good for expert users with precise understanding of their needs and of the collection
  - Also good for applications (applications can easily consume, say 1000s of results)
- Boolean queries are not good for the majority of users
  - Most users are not capable of precisely writing Boolean queries
  - Most users don't want to go through 1000s of results (particularly true in web search)

4

부울린 검색 모델

부울린 검색 모델에서는 모든 문서를 질의를 만족하는 문서와 만족하지 않은 문서로 분류하며, 사용자에게 질의를 만족하는 모든 문서가 반환한다.

사용자 질의를 만족하는 문서가 아주 많은 경우가 자주 발생하며, 이 경우 감당할 수 있는 만큼의 문서 반환을 위하여 사용자가 질의 변경 작업을 하여야 하는데, 이 질의 변경 작업은 질의문 및 대상 문서에 대한 상당한 지식을 요하는 고급 작업이다.

사용자에게 너무 적은 문서가 반환되는 경우도 마찬가지이다.

Problem with Boolean search: feast or famine

- Boolean queries often result in either too few or too many results
  - AND often gives too few, OR often gives too many !!!
  - Feast or famine problem
- With Boolean queries, it takes a lot of skill to come up with a query that produces a manageable number of hits
- We need to rank (order) the documents matching a query !!!

5

Ranked retrieval models

- Rather than a set of documents satisfying a query expression, the ranked retrieval system returns an ordering over the (top) documents in the collection for a query
- Free text queries: Rather than a query language of operators and expressions, the user's query is just one or more words in a human language
- In principle, there are two separate choices here, but in practice, ranked retrieval has normally been associated with free text queries and vice versa

6

부울린 검색 모델 문제점 : 풍년 또는 기근

부울린 검색 모델의 문제점은 반환 문서의 풍년 또는 기근 현상이며, 이를 사용자가 해결하는 것은 실질적으로 어렵다.

이에 대한 해결책으로 정보검색 시스템에서 반환 문서에 대한 순위를 부여하는 순위 검색 모델이 있다.

순위 검색 모델

순위 검색 모델에서는 부울린 수식 형태(AND, OR, NOT으로 연결되어 있는 식)의 질의문보다는 자유로운 형태의 질의문(대개의 경우, 한 두 단어의 나열)을 지원한다. 즉, 순위 검색 모델에서 지원하는 질의문은 검색어의 집합 또는 수열(sequence)이다.

Feast or famine: No problem in ranked retrieval

- With ranking, large result sets are not an issue
  - Just show the top 10 results
  - Doesn't overwhelm the user
- The ranking algorithm works
  - More relevant results are ranked higher than less relevant results

7

순위 검색 모델에서는 풍년–기근 현상이 발생하지 않는다

순위 검색 모델에서는 질의문에 대하여 모든 문서를 정렬하고, 그 중 상위 문서만을 사용자가 원하는 만큼 반환하므로, 부울린 모델에서의 풍년-기근 현상은 발생할 수가 없다.

부울린 모델은 반환하는 문서 중에서 첫 문서와 마지막 문서를 동일한 결과로 취급하지만, 순위 검색 모델은 첫 문서가 질의문에 가장 관련이 있는 문서이고 마지막 문서는 그 만큼 관련이 없는 문서이다.

Scoring as the basis of ranked retrieval

- We wish to rank documents that are more relevant higher than documents that are less relevant
- How can we accomplish such a ranking of the documents in the collection with respect to a query?
  - Assign a score to each query-document pair, say in [0, 1]
  - This score measures how well document and query "match"

8

순위 모델의 점수

순위 모델의 핵심은 질의문에 대하여 각 문서의 관련도를 수식으로 측정하는 것이다. 질의문과 문서의 관련성을 나타내는 수(0-1 사이 값으로 표현)를 문서의 점수(score)라고 한다.

문서의 관련 점수를 구하는 문제가 순위 검색 모델에서 가장 중요한 관건이다.

3.2 용어 빈번도

Query-document matching scores

- We need a way of assigning a score to a query/document pair
- Let's start with a one-term query
  - If the query term does not occur in the document, score should be 0
  - The more frequent the query term in the document, the higher the score (should be)
- We will look at a number of alternatives for this

10

질의-문서 매칭 점수

질의문에 하나 용어가 있으면, 해당 용어를 가지지 않은 문서는 관련성이 없다(점수가 0점)고 하고, 해당 용어가 문서에 존재하면 그 문서는 관련이 있는데 용어가 빈번하게 나오는 문서가 좀 더 관련이 있다고 할 수 있다.

수식으로 이를 어떻게 표현하는 것이 가장 적절한지에 대한 여러가지 제안/방법이 존재한다.

Jaccard coefficient (1/2)

- A commonly used measure of overlap of two sets A and B
  - jaccard(A,B) = |A ∩ B| / |A ∪ B|
  - jaccard(A,A) = 1
  - jaccard(A,B) = 0 if A ∩ B = 0
- A and B don't have to be the same size
- Always assigns a number between 0 and 1

11

자카드 계수 (1/2)

자카드 계수는 두 집합의 유사도를 측정하는 방법으로 두 집합의 교집합 크기를 합집합 크기로 나눈 값이다.

Jaccard coefficient (2/2)

- Use the Jaccard coefficient to compute similarity of queries and documents (???)
- Query: ides of march
- Document 1: caesar died in march
  - JACCARD(Q, D1) = 1/6 (no stop word exclusion)
- Document 2: the long march
  - JACCARD(Q, D2) = 1/5
- It doesn't consider term frequency (how many times a term occurs in a document)
- Rare terms in a collection are more informative than frequent terms (Jaccard doesn't consider this information)

12

자카드 계수 (2/2)

자카드 계수를 질의와 문서의 유사도 측정으로 사용은 가능하나, 이 방식은 몇 가지 문제점(위와 설명 되어 있는)이 있다.

보안책으로 문서의 길이를 고려하는 자카드 계수 계산식이 있으며, 아래는 그러한 자카드 계수식이다.

|A ∩ B| / length(|A ∪ B|)
(|A ∩ B| / |A ∪ B| 대신에)

자카드 계수는 질의-문서 유사도 측정에는 적합하지 않아 다른 방식이 요구된다.

* ides of march : Caesar 암살일로 예언된 3월 15일을 의미한다.

Binary term-document incidence matrix

	Antony and Cleopatra	Julius Caesar	The Tempest	Hamlet	Othello	Macbeth
Antony	1	1	0	0	0	1
Brutus	1	1	0	1	0	0
Caesar	1	1	0	1	1	1
Calpurnia	0	1	0	0	0	0
Cleopatra	1	0	0	0	0	0
mercy	1	0	1	1	1	1
worser	1	0	1	1	1	0

Each document is represented by a binary vector $\in \{0,1\}^{|V|}$

13

이진 용어-문서 발생 매트릭스

Term-document count matrix

- Use the number of occurrences of a term in a document:
  - Each document is a "count vector" in $\mathbb{N}^v$

	Antony and Cleopatra	Julius Caesar	The Tempest	Hamlet	Othello	Macbeth
Antony	157	73	0	0	0	0
Brutus	4	157	0	1	0	0
Caesar	232	227	0	2	1	1
Calpurnia	0	10	0	0	0	0
Cleopatra	57	0	0	0	0	0
mercy	2	0	3	5	5	1
worser	2	0	1	1	1	0

14

용어-문서 개수 매트릭스

질의 용어가 문서에 몇 번 나오는지를 계산하는 매트릭스이다.

"Bag of words" model

- Vector representation doesn't consider the ordering of words in a document
  - "John is quicker than Mary" and "Mary is quicker than John" have the same vectors
- This is called the bag of words model
- In a sense, this is a step back
  - The positional index was able to distinguish these two documents
- For a while, use the bag of words model

15

워드의 백 모델

bag of words 모델은 문서를 모델링하는 방법으로, 문서를 문서 내에 나오는 용어의 백(bag)으로 표현하는 것이다. Bag이므로 용어의 중복을 허용하고 용어간의 순서를 무시한다.

예를 들어, 워드의 백 모델에서는 "John is quicker than Mary"와 "Mary is quicker than John"는 동일한 문서로 취급한다.

Term frequency (tf)

- The term frequency $tf_{t,d}$ of term t in document d is defined as the number of times that t occurs in d
- We want to use tf when computing query-document match scores
  - A document with 10 occurrences of the term is more relevant than a document with 1 occurrence of the term, but not not 10 times more relevant
  - Relevance does not increase proportionally with term frequency
  - Raw term frequency is not what we want

16

Log-frequency weighting

- The log frequency weight of term t in d is defined as

$$w_{t,d} = \begin{cases} 1 + \log_{10} tf_{t,d}, & \text{if } tf_{t,d} > 0 \\ 0, & \text{otherwise} \end{cases}$$

- Score for a document-query pair is the sum over terms t in both q and d
  - score $= \sum_{t \in q \cap d} (1 + \log tf_{t,d})$
  - The score is 0 if none of the query terms is present in the document

17

용어 빈번도

질의와 문서 사이의 유사성 계산에 사용되는 용어 빈번도에 대한 설명이다. 상기 설명에 나온 바와 같이, 용어 빈번도 그 자체로 사용하기보다는, 변형된 용어 빈번도를 사용하고자 한다.

정보검색 분야에서는 frequency와 count는 동일한 의미로 사용된다.

로그 빈번도 중요도

$Tf_{t,d}$와 $W_{t,d}$의 상관 관계를 보여주는 몇 가지 값들이다.

$Tf_{t,d}$	$W_{t,d}$
0	0
1	1
2	1.3
3	1.47
10	2
100	3
1000	4

용어 빈번도에 대하여 로그 함수를 취하여, 용어 빈번도에 선형적으로 관련도가 비례하지 않고 용어 빈번도의 로그 값에 선형적으로 비례하게 하였다.

Exercise

- Compute the Jaccard matching score and the tf matching score for the following query-document pairs.
- Exercise 1
  - q: [information on cars]
  - d: "all you've ever wanted to know about cars"
- Exercise 2
  - q: [information on cars]
  - d: "information on trucks, information on planes, information on trains"
- Exercise 3
  - q: [red cars and red trucks]
  - d: "cops stop red cars more often"

18

연습문제

Exercise 1

$q \cap d$ = {cars}

$q \cup d$ = {information, on, cars, all, you've, ever, wanted, to, know, about}

Jaccard(q, d) = 1 / 10 = 0.1

Score = 1 + log 1 = 1

Exercise 2

$q \cap d$ = {information, on}

$q \cup d$ = {information, on, trucks, planes, trains}

Jaccard(q, d) = 2 / 5 = 0.4

Score = (1 + log 3) + (1 + log 3) = 2*(1 + 0.47) = 2.94

3.3 tf-idf 가중치

Document frequency (1/2)

- Rare terms are more informative than frequent terms
  - Recall stop words
- Consider a term in the query that is rare in the collection (e.g., pointer swizzling)
  - A document containing this term is very likely to be relevant to the query
- We want a high weight for rare terms

20

문서 빈번도 (1/2)

용어 빈번도의 단점은 모든 용어를 동등하게 취급한다는 것이며, 이는 문서 관련성을 적절하게 표현하지 않는다. 예를 들어, 스톱 용어는 일반적으로 문서에 아주 많이 나오나 스톱 용어의 빈번한 출현이 해당 문서의 관련도에 도움을 주지 않는다.

아주 적은 빈도를 나타내는 용어는 해당 문서와 용어의 관련성을 강하게 시사한다.

Document frequency (2/2)

- Frequent terms are less informative than rare terms
- Consider a query term that is frequent in the collection (e.g., high, increase, line)
  - A document containing such a term is more likely to be relevant than a document that doesn't
  - But it's not a sure indicator of relevance
- For frequent terms, we want to give positive weights for words like high, increase, and line, but lower weights than for rare terms
- We will use document frequency (df) to capture this

21

idf weight

- df_t is the document_frequency of t
  - The number of documents that contain t
  - df_t is an inverse measure of the informativeness of t
  - $df_t \le N$
- We define the idf (inverse document frequency) of *t* by

$$idf_t = \log_{10}(N/df_t)$$

  - We use $\log(N/df_t)$ instead of N/df_t to "dampen" the effect of idf

22

문서 빈번도 (2/2)

문서 빈번도는 드물게 나오는 용어를 가지는 문서에 대하여 높은 관련성을 주기 위하여 사용된다.

idf 가중치

N : 총 문서 수

df는 해당 용어가 나오는 문서 수이며, 많은 문서에 나오는 용어는 해당 문서와 덜 관련되므로(같은 로직으로, 적은 문서에 나오는 용어가 해당 문서에 더 관련되므로), 우리는 df의 역수(reciprocal) 즉, idf를 사용한다.

또한 idf에 로그값을 취함으로서 문서 연관성이 idf에 선형적으로 비례하지 않게 사용한다.

우리는 용어 빈번도와 역 문서 빈번도에서 로그식을 사용하고, 두 경우 베이스는 10이다. 그러나 실제로는 로그식의 베이스는 무관하다(중요하지 않다).

idf Example (N = 1,000,000)

term	df_t	idf_t
calpurnia	1	6
animal	100	4
sunday	1,000	3
fly	10,000	2
under	100,000	1
the	1,000,000	0

$$idf_t = \log_{10}(N/df_t)$$

23

idf Example

term	df	idf
car	18,165	1.65
auto	6,723	2.08
insurance	19,241	1.62
best	25,235	1.5

24

idf 예제

총 문서 개수(N)을 백만으로 가정하자.

위에서부터 아래로 살펴보면, 덜 흔한 단어로 시작하여 단계적으로 흔한 단어가 됨을 알 수 있고, 예를 들어 calpurnia(Ceasar의 세번 째 아내 이름)가 나오는 문서는 calpurnia 질의어와 상당히 관련이 있을 것이다.

idf 예제

상기 예제는 Reuters collection에 기반하였다. 문서 개수(N)는 806,791이다.

car의 경우를 계산해 보자.

$\log_{10}(806791\ /\ 18,165) = \log_{10}44.41 = 1.65$

Effect of idf on ranking

- idf has little effect on ranking one term queries (Why ???)
- idf affects the ranking of documents for queries with at least two terms
  - For the query "capricious person", idf weighting makes occurrences of "capricious" count for much more in the final document ranking than occurrences of "person"

25

Collection vs. Document frequency

- The collection frequency of t is the number of occurrences of t in the collection, counting multiple occurrences
- Example:

word	Collection frequency	Document frequency
insurance	10440	3997
try	10422	8760

  - Which word is a better search term (and should get a higher weight)?
  - df (or idf) is better for weighting than cf (or icf) (WHY???)

26

idf 효과

idf 는 한 용어 질의에 대한 문서 관련성에는 영향을 미치지 않으며, 적어도 2개 이상 용어로 구성되는 질의문에 대하여 문서 관련성에 영향을 미친다.

질의문에 하나의 용어만이 있는 경우에는 용어에 대한 idf 값을 구할 수 있지만 질의문에 다른 용어가 없으므로 idf 값을 이용하여 문서 관련성을 비교할 수 없다. 즉 한 용어 질의문에 대한 idf는 문서 관련성을 평가하는데 도움을 주지 못한다.

* capricious : someone who is capricious often changes their mind expectedly.

문서 빈도 및 콜렉션 빈도 비교

문서 빈도와 유사한 개념으로 콜렉션 빈도를 고려할 수 있다. 콜렉션 빈도는 문서의 집합 콜렉션에 나타나는 용어의 총 빈도를 의미한다.

상기 예제에서 insurance와 try는 총 문서에서는 동일한 빈도로 나타나지만, insurance를 언급하는 문서는 try를 언급하는 문서보다 매우 적다. 이 경우, insurance 질의에 대하여 insurance를 포함하는 문서가 try 질의에 대하여 try를 포함하는 문서에 비하여 높은 관련이 있다고 할 수 있다.

콜렉션 빈도는 정보검색 분야에서 널리 사용하지 않은 지표이다.

tf-idf weighting

- The tf-idf weight of a term is the product of its tf weight and its idf weight

$$w_{t,d} = \log(1 + tf_{t,d}) \times \log_{10}(N/df_t)$$

- Best known weighting scheme in information retrieval
  - Increases with the number of occurrences within a document (term frequency)
  - Increases with the rarity of the term in the collection (inverse document frequency)

27

Score for a document given a query

$$Score(q,d) = \sum_{t \in q \cap d} tf.idf_{t,d}$$

- There are many variants
  - How "tf" is computed (with/without logs)
  - Whether the terms in the query are also weighted
  - etc.

28

tf-idf 가중치

tf-idf 표기법(여기서 -는 hyphen)은 tf.idf 또는 tf x idf 등으로 표기하기도 한다.

정보검색 분야에서 상기와 같은 tf-idf 계산식은 가장 유효하다고 알려져 있으며, 그 특징은 아래와 같이 요약될 수 있다.

- highest when t occurs many times within a small number of documents
- lower when the term occurs fewer times in a document, or occurs in many documents (thus offering a less pronounced relevance signal)
- lowest when the term occurs in virtually all document

문서 중요도

tf와 idf를 이용하여 질의-문서 관련성을 측정하는 공식이다.

상기 식에 대하여 아주 많은 변형이 문헌에 소개되어 있다. 상기 식의 다양한 변형에 대한 실험적 평가 및 분석은 정보검색의 관심있는 연구 분야이다.

3.4 벡터 공간 모델

Binary incidence matrix

	Antony and Cleopatra	Julius Caesar	The Tempest	Hamlet	Othello	Macbeth
Antony	1	1	0	0	0	1
Brutus	1	1	0	1	0	0
Caesar	1	1	0	1	1	0
Calpurnia	0	1	0	0	0	0
Cleopatra	1	0	0	0	0	0
mercy	1	0	1	1	1	1
worser	1	0	1	1	1	1

Each document is represented as a binary vector $\in \{0,1\}^{|V|}$

30

이진 발생 매트릭스

Count matrix

	Antony and Cleopatra	Julius Caesar	The Tempest	Hamlet	Othello	Macbeth
Antony	157	73	0	0	0	1
Brutus	4	157	0	2	0	0
Caesar	232	227	0	2	1	0
Calpurnia	0	10	0	0	0	0
Cleopatra	57	0	0	0	0	0
mercy	2	0	3	8	5	8
worser	2	0	1	1	1	5

Each document represented as counter vector $\in \mathbb{N}^{|V|}$

31

빈도 매트릭스

앞에서 본 이진 발생 매트릭스 용어의 문서상에서의 존재 여부만을 표현하는데, 빈도 매트릭스는 용어가 해당 문서에 나타나는 빈도를 표현한다.

Weight matrix

	Antony and Cleopatra	Julius Caesar	The Tempest	Hamlet	Othello	Macbeth
Antony	5.25	3.18	0	0	0	0.35
Brutus	1.21	6.1	0	1	0	0
Caesar	8.59	2.54	0	1.51	0.25	0
Calpurnia	0	1.54	0	0	0	0
Cleopatra	2.85	0	0	0	0	0
mercy	1.51	0	1.9	0.12	5.25	0.88
worser	1.37	0	0.11	4.15	0.25	1.95

Each document is represented by a real-valued vector of tf-idf weights ∈ $R^{|V|}$

32

Documents as vectors

- Each document is represented as a real-valued vector of tf-idf weights ∈ $R^{|V|}$
- We have a |V|-dimensional vector space
  - Terms are axes of the space
  - Documents are points or vectors in this space
  - Very high-dimensional: tens of millions of dimensions when you apply this to a web search engine
  - Very sparse matrix (most entries are zero)

33

가중치 매트릭스

가중치 매트릭스에서는 용어의 문서에 대한 tf-idf 값을 표시한다.

앞에서 보인 발생 매트릭스보다 빈도 매트릭스가 더 많은 정보를 보이고, 빈도 매트릭스보다 가중치 매트릭스가 더 많은 정보를 보이고 있다.

문서를 벡터로 표현

문서를 가중치 매트릭스의 벡터로 표현한다. 즉 문서를 각 용어에 대한 tf-idf 값의 벡터로 표현하는 것이다.

정보검색 분야에서 vector space model은 문서를 벡터 공간에서의 벡터로 표현하는데, vector space model은 문서/질의 유사도 계산, 문서 분류, 문서 clustering 등에서 아주 중요하고 기본적인 개념을 제시한다.

Queries as vectors

- Key idea
  - Do the same for queries (represent them as vectors in the space)
  - Rank documents according to their proximity to the query in this space
- Now, the similarity of document/query becomes the similarity (or proximity) of vectors
  - Remaining issue is how to compute similarity of two vectors

34

질의를 벡터로 표현

질의문을 같은 방식으로 벡터로 표현 한다. 그러면 문서와 질의문과의 관련성은 두 벡터의 관련성 문제로 변형된다.

참고적으로 Boolean model의 풍년-기근(feast-famine) 현상을 해결하기 위하여 문서를 질의에 대하여 rank 하고자 하며, 관련 있는 문서가 관련 없는 문서보다 높은 rank 값을 가지게 하고자 한다.

Distance is bad (1/2)

- Consider distance between two points (= distance between the end points of the two vectors)
  - Euclidean distance?
  - Euclidean distance is a bad idea because Euclidean distance is large for vectors of different lengths

35

거리 방식은 적합하지 않다 (1/2)

두 벡터의 유사성을 측정하는 방식으로 두 벡터의 끝점간의 거리는 좋이 않은 결과를 보인다. 만약 거리 공식으로 가장 널리 사용되는 Euclidean 거리 방식을 사용하면 길이가 다른 벡터에 대하여는 유사도가 낮다고 나오는 단점이 있다.

Euclidean distance 뿐만 아니라 다른 거리 방식(예를 들면 Manhattan distance)도 동일한 현상을 보인다.

Distance is bad (2/2)

- The Euclidean distance between $\vec{q}$ and $\vec{d_2}$ is large, even though the distribution of terms in the query and in the document are very similar.

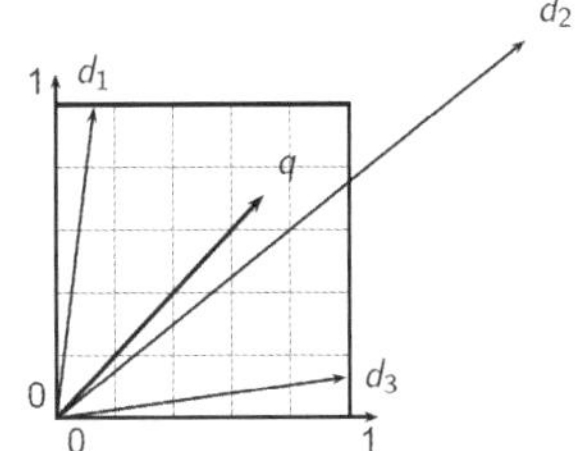

36

What about angle instead of distance

- An interesting experiment
  - Take a document d and append it to itself
  - Call this document d′
  - "Semantically" d and d′ have the same content
  - The Euclidean distance between the two documents can be quite large
  - The angle between the two documents is 0, corresponding to maximal similarity
- Key idea: Rank documents according to angle with query

37

거리 방식은 적합하지 않다 (2/2)

상기 그림에서 d_2가 질의 q와 가장 유사한 용어 빈도를 가지나, 거리로 유사성을 산출하면 d_2가 다른 문서(예를 들면, d_1)와 비교하여 유사성이 적게 나온다.

거리보다는 각(angle)을 활용하자.

상기 슬라이드에서 설명하는 바와 같이, 거리를 활용하여 두 벡터의 유사도를 측정하는 경우 동일한 문서 간에 유사도가 예상 밖으로 아주 크게 나오는 경우가 있다.

두 벡터간의 유사도 측정을 위하여 거리보다는 두 벡터간의 각(angle)을 활용하는 것이 바람직하다.

From angles to cosines

- The following two notions are equivalent !!!
  - Rank documents in decreasing order of the angle between query and document
  - Rank documents in increasing order of cosine(query, document)
- Cosine is a monotonically decreasing function for the interval [0°, 180°]

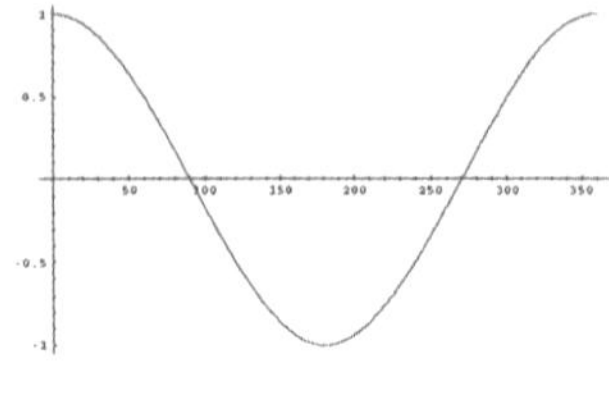

38

Length normalization

- A vector can be (length-) normalized by dividing each of its components by its length – for this we use the L_2 norm: $\|x\|_2 = \sqrt{\sum_i x_i^2}$
- Dividing a vector by its L_2 norm makes it a unit (length) vector (on surface of unit hypersphere)
- Effect on the two documents d and d′ (d appended to itself) from earlier slide: they have identical vectors after length-normalization.
  - Long and short documents now have comparable weights

39

예각에서 코사인 함수로

코사인 함수는 0-180도 구간에서는 각도가 증가함에 따라 단순 감소하는 함수이다.

길이 정의화

벡터를 자체 길이(L_2 norm)로 나눔으로써 벡터를 기본 단위 길이로 만들 수 있다.

cosine(query, document)

$$\cos(q,d) = \frac{q \bullet d}{|q||d|} = \frac{q}{|q|} \bullet \frac{d}{|d|} = \frac{\sum_{i=1}^{|V|} q_i d_i}{\sqrt{\sum_{i=1}^{|V|} q_i^2}\sqrt{\sum_{i=1}^{|V|} d_i^2}}$$

- q_i is the tf-idf weight of term i in the query
- d_i is the tf-idf weight of term i in the document

- $\cos(\vec{q},\vec{d})$ is the cosine similarity of $\vec{q}$ and $\vec{d}$ (equivalently, the cosine of the angle between $\vec{q}$ and $\vec{d}$)

40

Cosine for length-normalized vectors

- For length-normalized q, d vectors, cosine similarity is simply the dot product (or scalar product)

$$\cos(q,d) = q \bullet d = \sum_{i=1}^{|V|} q_i d_i$$

41

코사인(질의, 문서)

질의와 문서 유사성은 코사인 유사성을 활용한다.

아래는 코사인 유사성에 대한 아래 가지 설명이다.

(1) Cosine similarity is a measure of similarity between two non-zero vectors of an inner product space that measures the cosine of the angle between them.

(2) The cosine of 0° is 1, and it is less than 1 for any other angle. It is thus a judgment of orientation and not magnitude: two vectors with the same orientation have a cosine similarity of 1, two vectors at 90° have a similarity of 0, and two vectors diametrically opposed have a similarity of -1, independent of their magnitude.

(3) Cosine similarity is particularly used in positive space, where the outcome is neatly bounded in [0,1].

(4) Note that unit vectors are maximally "similar" if they're parallel and maximally "dissimilar" if they're orthogonal (perpendicular). This is analogous to the cosine, which is unity (maximum value) when the segments subtend a zero angle and zero (uncorrelated) when the segments are perpendicular.

길이가 정규화된 코사인

길의가 정규화된 벡터는 이미 벡터의 길이가 정규화 되었으므로, 벡터의 dot product(또는 inner product)가 코사인 유사도가 된다.

Cosine similarity illustrated

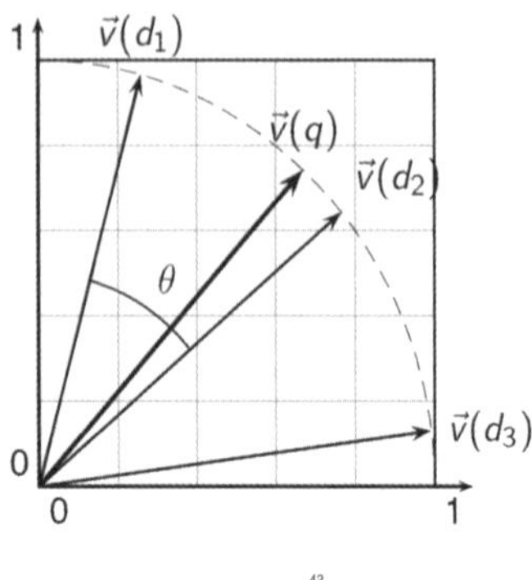

Cosine Example (1/3)

term	SaS	PaP	WH
affection	115	58	20
jealous	10	7	11
gossip	2	0	6
wuthering	0	0	38

- Term frequencies (counts)
  - To simplify this example, we don't do idf weighting
- How similar the novels?
  - SaS: Sense and Sensibility
  - PaP: Pride and Prejudice
  - WH: Wuthering Heights

43

코사인 유사성

단위 벡터간의 각을 두 문서(벡터)의 유사성으로 산출한다.

코사인 예제 (1/3)

상기 4개 용어 빈도를 이용하여 세 소설간의 코사인 유사도를 구해보자.

- Sense and Sensibility (이성과 감성, 19세기 Jane Austen의 장편 소설)
- Price and Prejudice (오만과 편견, 19세기 Jane Austen의 장편 소설)
- Wuthering Heights (폭풍의 언덕, 19세기 Emily Bronte의 장편소설)

Cosine Example (2/3)

term	SaS	PaP	WH
affection	115	58	20
jealous	10	7	11
gossip	2	0	6
wuthering	0	0	38

term	SaS	PaP	WH
affection	3.06	2.76	2.30
jealous	2.00	1.85	2.04
gossip	1.30	0	1.78
wuthering	0	0	2.58

44

코사인 예제 (2/3)

상기 그림에서 위는 주어진 term frequency 표이며, 아래는 이를 이용하여 구한 log frequency weight이다. (간단하게 하기 위하여 idf는 사용하지 않았다)

- SaS 문서에서, affection 용어 빈도가 115 이므로, 1 + log 115 = 1 + 2.06 = 3.06
- SaS 문서에서, gossip 용어 빈도가 2 이므로, 1 + log 2 = 1 + 0.30 = 1.30

Cosine Example (3/3)

- Log frequency weighting

term	SaS	PaP	WH
affection	3.06	2.76	2.30
jealous	2.00	1.85	2.04
gossip	1.30	0	1.78
wuthering	0	0	2.58

- After length normalization

term	SaS	PaP	WH
affection	0.789	0.832	0.524
jealous	0.515	0.555	0.465
gossip	0.335	0	0.405
wuthering	0	0	0.588

- cos(SaS, PaP)
- cos(SaS, WH)
- cos(PaP, WH)

45

코사인 예제 (3/3)

SaS 벡터 길이 = (3.062 + 22+ 1.32)1/2 = 3.879
SaS 단위 벡터 = (3.06/3.879, 2/3.879, 1.3/3.879, 0)
= (0.789, 0.515, 0.335, 0)

cos(SaS,PaP) ≈ 0.789 × 0.832 + 0.515 × 0.555 + 0.335 × 0.0 + 0.0 × 0.0 ≈ 0.94
cos(SaS,WH) ≈ 0.79
cos(PaP,WH) ≈ 0.69

SaS가 WH보다 PaP에 더 유사하다(cos(SaS,PaP) > cos(SaS,WH))고 하는데, 그 이유를 생각해 보자.

Computing cosine scores

```
COSINESCORE(q)
float Scores[N] = 0
float Length[N]
for each query term t
do calculate w_{t,q} and fetch postings list for t
    for each pair(d, tf_{t,d}) in postings list
    do Scores[d] += w_{t,d} × w_{t,q}
Read the array Length
for each d
do Scores[d] = Scores[d]/Length[d]
return Top K components of Scores[]
```


Maximum tf normalization

- To normalize the tf weights of all terms occurring in a document by the maximum tf in the document

$$ntf_{t,d} = a + (1-a)\frac{tf_{t,d}}{tf_{max}(d)}$$

- tf_{max} (d) : maximum term frequency in document
- a : smoothing term to damp the contribution of the second term (generally set to 0.4)

코사인 점수 계산 알고리즘

K는 양의 정수이며, 주어진 질의에 대하여 가장 높은 코사인 유사값을 가지는 K개의 문서를 반환하는 알고리즘이다.

$w_{t,d}$: 용어와 문서의 중요도 (tf-idf 또는 다른 방법으로 계산함)

$w_{t,q}$: 용어와 질의의 중요도

최대 tf 정규화

문서의 길이가 길면 용어 빈도가 많을 것이고, 용어의 빈도가 많으면 문서 유사성이 높게 나온다. 극단적인 예로, 전체 문서를 복사하여 원 문서 뒤에 첨부하여 원래 문서보다 2배 크기의 문서를 만들면, 새로운 문서는 기존 문서보다 더 높은 유사도를 가지게 된다. 이러한 점을 보완하는 방법이 최대 tf 정규화이다.

최대 tf 정규화는 아래와 같은 단점이 있다.

(1) 본 방법은 스톱 단어 선택에 따라 용어 중요도를 심하게 변경하게 되며, 이 점에서 안정적이지 않다.

(2) 문서에 비정상적으로 많이 출현하는 단어가 있고 그 단어가 문서 내용과 관련이 없으면 본 방법은 용어 중요도를 적절하게 표현하지 못한다.

tf-idf weighting variants (1/2)

Term frequency		Document frequency		Normalization	
n (natural)	$\mathrm{tf}_{t,d}$	n (no)	1	n (none)	1
l (logarithm)	$1+\log(\mathrm{tf}_{t,d})$	t (idf)	$\log \frac{N}{\mathrm{df}_t}$	c (cosine)	$\frac{1}{\sqrt{w_1^2+w_2^2+\ldots+w_M^2}}$
a (augmented)	$0.5+\frac{0.5\times\mathrm{tf}_{t,d}}{\max_t(\mathrm{tf}_{t,d})}$	p (prob idf)	$\max\{0,\log\frac{N-\mathrm{df}_t}{\mathrm{df}_t}\}$	u (pivoted unique)	$1/u$
b (boolean)	$\begin{cases}1 & \text{if } \mathrm{tf}_{t,d}>0\\ 0 & \text{otherwise}\end{cases}$			b (byte size)	$1/\mathit{CharLength}^{\alpha}$, $\alpha<1$
L (log ave)	$\frac{1+\log(\mathrm{tf}_{t,d})}{1+\log(\mathrm{ave}_{t\in d}(\mathrm{tf}_{t,d}))}$				

- ltc is the best known form of weighting

48

tf-idf weighting variants (2/2)

- Many search engines allow for different weightings for queries vs. documents
- SMART notation denotes the combination in use, with the notation ddd.qqq using the acronyms from the previous table
- lnc.ltc (a standard weighting scheme)
  - Document: logarithmic tf (l as first character), no idf and cosine normalization
  - Query: logarithmic tf (l in leftmost column), idf (t in second column), cosine normalization

49

tf-idf 중요도 변형 (1/2)

상기표에서 오른쪽 하단의 CharLength는 문서의 character 개수를 의미한다.

tf-idf 중요도 변형 (2/2)

문서와 질의에 대하여 각각 다른 중요도 방식을 사용할 수 있다.

문서 중요도 계산시에 효과성(effectiveness) 및 효율성(efficiency)를 위하여 역문서 빈도를 사용하지 않는다.

tf-idf example: lnc.ltc

D: car insurance auto insurance, Q: best car insurance

word	query					document				product
	tf-raw	tf-wght	df	idf	weight	tf-raw	tf-wght	weight	n'lized	
auto	0	0	5000	2.3	0	1	1	1	0.52	0
best	1	1	50000	1.3	1.3	0	0	0	0	0
car	1	1	10000	2.0	2.0	1	1	1	0.52	1.04
insurance	1	1	1000	3.0	3.0	2	1.3	1.3	0.68	2.04

Final similarity score between query and document =
$\sum_i (w_{qi} \cdot w_{di}) = 0 + 0 + 1.04 + 2.04 = 3.08$

50

Summary (vector space ranking)

- Represent the query as a weighted tf-idf vector
- Represent each document as a weighted tf-idf vector
- Compute the cosine similarity score for the query vector and each document vector
- Rank documents with respect to the query by score
- Return the top K (e.g., K = 10) to the user

51

tf-idf 예제

상기 표의 속성 설명이다.

- tf-raw: raw (unweighted) term frequency
- tf-wght: logarithmically weighted term frequency
- df: document frequency
- idf: inverse document frequency
- weight: the final weight of the term in the query or document
- n'lized: document weights after cosine normalization
- product: the product of final query weight and final document weight

문서 길이 = $(1^2 + 0^2 + 1^2 + 1.3^2)^{1/2} = 1.92$

1 / 1.92 = 0.52

1.3 / 1.92 = 0.68

요약

벡터 공간 순위 방식의 요약이다.

정보 검색 평가

Subtopics

- Evaluating search engines
- Assessing relevance
- Result presentation

2

구성 요소

지금까지 정보검색 시스템에 관한 여러 가지 기술을 살펴보았으며, 설명된 여러 가지 기술에 대한 효과성(effectiveness)을 판단할 필요가 있다. 예를 들면, stop word 제거는 효과가 있는지, tf-idf 방법은 효과가 높은지 등에 대한 효과성을 평가할 필요가 있다.

본 장에서는 정보검색 시스템의 평가에 관하여 살펴본다. 정보검색 시스템을 평가하는 방법론에 관하여 살펴보고, 특히 precision 및 recall에 관하여 살펴본다. 또한 주요 정보검색 시스템 결과 표현 방식을 살펴본다.

4.1 검색 엔진 평가

Measures for a search engine (1/2)

- How fast does it index
  - Number of documents/hour
- How fast does it search
  - including wildcard queries
- Expressiveness of query language
  - Ability to express complex information needs
  - Speed on complex queries
- User interface
  - layout, clarity, responsiveness, result return snippets
- Is it free?

4

검색 엔진 평가 요소 (1/2)

검색 엔진 평가 요소는 상기와 같이 다양하며, 그 외에도 여러 요소가 존재할 수 있다.

Measures for a search engine (2/2)

- All of the preceding criteria are measurable (we can quantify speed/size)
  - we can make expressiveness precise
- The key measure: user happiness
  - What is this?
  - Speed of response/size of index are factors, but blindingly fast, useless answers won't make a user happy
  - Need to have a way of quantifying user happiness !!!

5

검색 엔진 평가 요소 (2/2)

가장 중요한 평가요소는 사용자의 행복(또는 만족도)인데, 이를 정확하게 정의하고 평가하는 것은 쉬운 작업이 아니다.

Measuring user happiness (1/2)

- Issue: who is the user we are trying to make happy?
- Web engine:
  - User finds what s/he wants and returns to the engine
    - Can measure rate of return users
  - User completes task (search as a means, not end)
- eCommerce site: user finds what s/he wants to buy
  - Measure time to purchase, or fraction of searchers who become buyers?
- Enterprise (company/govt/academic): Care about "user productivity"
  - How much time do my users save when looking for information?
  - Many other criteria having to do with breadth of access, secure access, etc

6

사용자 행복 측정 (1/2)

어떤 목적으로 사용자가 정보검색 시스템을 사용하는 지에 따라, 사용자 행복 측정을 위한 평가 항목을 결정할 수 있다.

Measuring user happiness (2/2)

- Happiness is hard to measure
- Most common proxy: relevance of search results
  - How do you measure relevance?

- Relevance measurement requires 3 elements
  - A benchmark document collection
  - A benchmark suite of queries
  - A usually binary assessment of either relevant or nonrelevant for each query and each document
    - Some work on more-than-binary (but not the standard)

7

Information need

- Note that the information need is translated into a query
- Relevance is assessed relative to the information need, not the query
  - Information need: I'm looking for information on whether drinking red wine is more effective at reducing your risk of heart attacks than white wine.
  - Query: wine red white heart attack effective
- Evaluate whether the document addresses the information need, not whether it has these words

8

사용자 행복 측정 (2/2)

가장 널리 사용되는 방법은 검색 결과의 관련성이다.

관련성 평가를 위해서는 3가지 요소가 필요한데, 그 중 하나가 각 질의에 대한 모든 문서의 관련성/비관련성 구분이다. 질의에 대한 문서 적합성은 관련/비관련으로 명확히 구분할 수도 있으나, 관련/비관련성이 명확하기 않은 경우도 고려할 수(다만 표준적인 방법은 아니지만)도 있다.

정보 욕구

사용자는 찾고자 하는 정보 욕구가 있으며, 이를 질의어로 표현한다. 문서 관련성은 사용자 정보 욕구에 의거하여 평가되어야 한다.

문서가 질의문 구성 단어를 단순히 가지고 있다고해서 관련된다고 평가하지 말고, 사용자 정보 욕구를 만족시킬 때 해당 문서가 관련성이 있다고 평가하여야 한다.

여기서 기술적인 문제는 사용자 정보요구를 충족하는 문서인지를 어떻게 판별하는 것이고, 동시에 사용자의 정보 욕구가 질의문에 적절하게 반영되었는지(즉, 질의문의 정당성)을 검증(또는 보장)하는 것이다.

Standard relevance benchmarks

- TREC - National Institute of Standards and Technology (NIST) has run a large IR test bed for many years
- Reuters and other benchmark doc collections used
- "Retrieval tasks" specified
  - sometimes as queries
- Human experts mark, for each query and for each doc, "relevant" or "nonrelevant"
  - At least for subset of docs that some system returned for that query

9

Standard relevance benchmark: Cranfield

- Pioneering: first testbed allowing precise quantitative measures of information retrieval effectiveness
- Late 1950s, UK
- 1398 abstracts of aerodynamics journal articles, a set of 225 queries, exhaustive relevance judgments of all query-document-pairs
- Too small, too untypical for serious IR evaluation today

10

표준 평가도구

정보요구(또는 질의문)에 대한 문서의 관련성 여부는 전문가들이 협의하여 결정한다.

Cranfield

Cranfield는 정보검색의 효과성(effectiveness)을 측정하는 선구자격인 평가 도구로서, 공기역학(aerodynamics) 논문을 대상으로 평가한다. 현대 기준으로 보면, 본 도구는 너무 작은 문서 및 질의 집합으로 구성이 되나, 연구실 레벨 정도의 기본적인 시험 도구로 사용할 수 있다.

Standard relevance benchmark: TREC (1/2)

- TREC = Text Retrieval Conference (TREC)
- Organized by the U.S. National Institute of Standards and Technology (NIST)
- TREC is actually a set of several different relevance benchmarks
- Best known: TREC Ad Hoc, used for first 8 TREC evaluations between 1992 and 1999
- 1.89 million documents, mainly newswire articles, 450 information needs
- No exhaustive relevance judgments – too expensive
- Rather, NIST assessors' relevance judgments are available only for the documents that were among the top k returned for some system which was entered in the TREC evaluation for which the information need was developed

11

TREC (2/2)

- TREC Ad Hoc task from first 8 TRECs is standard IR task
- A TREC query example (TREC 5)

<top>

<num> Number: 225

<desc> Description:

What is the main function of the Federal Emergency Management Agency (FEMA) and the funding level provided to meet emergencies? Also, what resources are available to FEMA such as people, equipment, facilities?

</top>

12

TREC (1/2)

TREC는 미국 표준단체 NIST에 의해 개발되었으며, 다수개의 트랙으로 구성되어 있다. 그 중 TREC Ad Hoc은 1992-1999년 사이에 TREC 학술회의에서 사용되었다. TREC는 현재 뿐만 아니라 미래에도 많이 사용될 곳으로 기대된다.

NIST 주관으로 매년 TREC 워크삽이 개최되고 있으며, TREC 데이터를 이용한 정보검색 벤치마크 결과 발표가 다수 발표된다. 2018년도 Call for Participation은 http://trec.nist.gov/pubs/call2018.html 을 참조하면 된다.

TREC (2/2)

TREC 5, 225번 사용자 정보 요구를 보여준다.

Standard relevance benchmarks: Others

- GOV2
  - Another TREC/NIST collection
  - 25 million web pages
  - Used to be largest collection that is easily available
  - But still 3 orders of magnitude smaller than what Google/Yahoo/MSN index
- NTCIR
  - East Asian language and cross-language information retrieval
- Cross Language Evaluation Forum (CLEF)
  - This evaluation series has concentrated on European languages and cross-language information retrieval
- Many others

13

Precision and Recall (Unranked retrieval)

- Precision
  - fraction of retrieved docs that are relevant
  - precision = P(relevant | retrieved)
- Recall
  - fraction of relevant docs that are retrieved
  - recall = P(retrieved | relevant)
- Contingency table

	Relevant	Nonrelevant
Retrieved	tp (true positive)	fp (false positive)
Not Retrieved	fn (false negative)	tn (true negative)

- Precision = tp / (tp + fp)
- Recall = tp / (tp + fn)

14

기타 벤치마크

GOV2는 최근 NIST가 개발한 벤치마크용 문서집합으로 약 25백만 웹 문서로 구성된다.

- NTCIR(NII Test Collection for IR Systems, http://research.nii.ac.jp/ntcir/data/data-en.html)
- CLEF(Cross Language Evaluation Forum, http://www.clef-campaign.org)

Reuters-21578 및 Reuters-RCV1(Reuter Corpus Volume 1)는 각각 로이터 뉴스 기사 21578개 및 806,791개 문서로 구성되어 있다. 자세한 사항은 아래 논문을 참조한다.

D. Lewis, Y. Yang, T. Ross, F. Li, RCV1: A New Benchmark Collection for Text Categorization Research, The Journal of Machine Learning Research 5(12): 361-397, 2004.

Reuters Corpus Volume I (RCV1) is an archive of over 800,000 manually categorized newswire stories recently made available by Reuters, Ltd. for research purposes. Use of this data for research on text categorization requires a detailed understanding of the real world constraints under which the data was produced.

정확도 및 회상도

Contingency 테이블을 살펴보자.

- 실제 관련성 있는 문서가 검색되었으면, true positive 이다.
- 실제 관련성 있는 문서가 검색되지 않았으면, 관련성이 없다고 정보검색 시스템이 잘못 판단하였다는 것이고, 이는 false negative에 해당 된다.
- 실제 관련성 없는 문서가 검색되었으며, 관련성이 있다고 정보검색 시스템이 잘못 판단하였다는 것이고, 이는 false positive에 해당 된다.
- 실제 관련성 없는 문서가 검색되지 않았으면, true negative이다.

What about "accuracy" for evaluation? (1/2)

- Given a query, an engine classifies each doc as "relevant" or "nonrelevant"
- The accuracy of an engine
  - the fraction of these classifications that are correct
  - (tp + tn) / (tp + fp + fn + tn)
  - Accuracy is a commonly used evaluation measure in machine learning classification work
- Accuracy is not a good (useful) evaluation measure in IR?

15

What about "accuracy" for evaluation? (2/2)

- In almost all circumstances, the data is extremely skewed
  - Normally over 99.9% of the documents are nonrelevant!!!
- How to build a 99.9999% accurate search engine (on a low budget) ???

- People doing information retrieval want to find something and have a certain tolerance for junk

16

정밀도 (1/2)

정보검색 시스템은 사용자 질의에 대하여 문서의 관련성 여부를 결정한다고 볼 수 있는데, 정밀도는 올바르게 문서 적합성을 결정한 비율이다. 문서가 관련성 있다고 맞게 판단한 것이 true positive이고, 비관련성이라고 맞게 판단한 것이 true negative이므로, 이 두 가지 경우의 합이 맞게 판단한 모든 경우가 된다. 모든 경우 중에서 올바른 판단을 한 비율이 정밀도이다.

정밀도 (2/2)

거의 모든 문서가 non-relevant하므로 이 환경에서 가장 쉬운 검색 엔진 방식은 모든 문서가 non-relevant하다고 가정하고 질의에 대하여 0개 문서를 반환하는 것이다. 즉, 정확도 만으로 검색 시스템을 평가하는 것은 적절하지 않다.

사용자는 false positive한 문서를 감수하더라도 원하는 문서를 찾기 원한다.

Precision and Recall

- You can get high recall (but low precision) by retrieving all docs for all queries!
- Recall is a non-decreasing function of the number of docs retrieved
- In a good system, precision decreases as either the number of docs retrieved or recall increases
  - This is not a theorem, but a result with strong empirical confirmation

17

정확도 및 회상도

회상도는 검색되는 문서 수에 비례하여, 검색되는 문서가 많을 수록 회상도는 증가한다. 극단적으로 모든 문서를 항상 반환하면 해당 검색 시스템의 회상도는 항상 1이다.

이론이 아니라 실험적으로 밝혀진 내용이지만, 검색되는 문서가 많을수록 또는 회상도가 증가할수록, 정확도는 감소한다.

Difficulties in using precision/recall

- Should average over large document collection/query ensembles
- Need human relevance assessments
  - People aren't reliable assessors
- Assessments have to be binary
  - Nuanced assessments?
- Heavily skewed by collection/authorship
  - Results may not translate from one domain to another

18

정확도/회상도 사용의 어려움

정확도와 회상도는 tradeoff 관계에 있음을 알 수 있다.

대상 문서 속성(또는 문서 도메인)에 따라 정보검색 시스템 성능평가 차이가 많이 나는 것으로 알려져 있다.

A combined measure: F measure

- Combined measure that assesses precision/recall tradeoff is F measure (weighted harmonic mean)

$$F = \frac{1}{\alpha\frac{1}{P}+(1-\alpha)\frac{1}{R}} = \frac{(\beta^2+1)PR}{\beta^2 P+R}$$

  - where $\beta^2 = (1-\alpha) / \alpha$
- People usually use balanced F_1 measure
  - Equally weight precision and recall with $\beta = 1$ or $\alpha = ½$
  - $\beta < 1$ emphasize precision, while $\beta > 1$ emphasize recall
- Harmonic mean is a conservative average

19

F Example

	relevant	not relevant	
retrieved	20	40	60
not retrieved	60	1,000,000	1,000,060
	80	1,000,040	1,000,120

- P = 20/(20 + 40) = 1/3
- R = 20/(20 + 60) = 1/4
- F = 2 * 1 / (3 + 4) = 2/7

20

F 측정

두 개의 수, x, y에 대하여 평균을 구해보자.

- arithmetic mean (A) : (x + y) / 2
- geometric mean (G) : (x + y)1/2
- harmonic mean (H) : 1 / ((1/x) + (1/y)), G = (AH)1/2

The harmonic mean is the reciprocal of the arithmetic mean of the reciprocals. The harmonic mean dominated by the minimum of its arguments, in the sense that for any positive set of arguments,

min(x,y) <= H(x,y) <= n*min(x,y).

Thus, the harmonic mean cannot be made arbitrarily large by changing some values to bigger ones (while having at least one value unchanged).

F 측정은 precision과 recall 각각 가중치를 곱한, weighted harmonic mean이다.

정보검색분야에서 산술평균을 사용하지 않는 이유는 무엇인가?

F 측정 예제

세 가지 평균에 대한 상대비교를 간단한 경우에 대하여 해보자.

	(5,5)	(6,4)	(7,3)
arithmetic mean	5	5	5
geometric mean	5	$24^{1/2}$ = 4.9	$21^{1/2}$ = 4.58
harmonic mean	5	4.8	4.2

조화평균이 가장 낮게 나오며, 두 수간의 차이가 많으면 낮은 값에 가까운 값이 조화 평균으로 나옴을 알 수 있다. 기하 평균은 두 수간의 차이가 적으면 높은 평균이 나온다.

산술평균을 사용하면 모든 질의에 대하여 100% 문서를 반환하는 엉터리 시스템의 산술평균 값은 최소한 50%이다. 만약 10000개 문서 중에서 1개 문서만이 관련성이 있으면, 조화평균은 약 0.02%이다. 산술평균이 적절하지 않음을 보여주는 예제이다.

Comparing F_1 and other averages

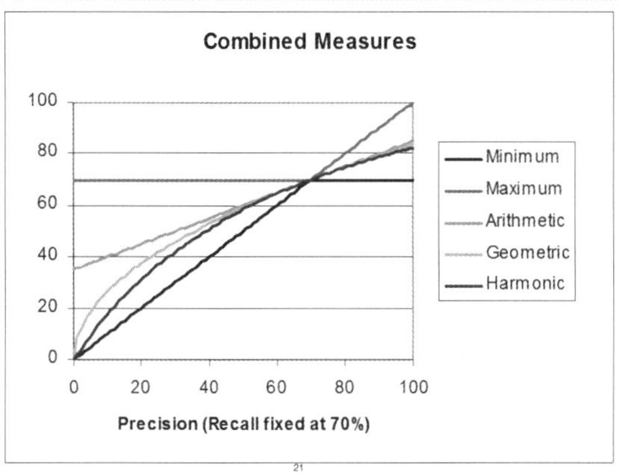

Evaluating ranked results

- precision/recall/F are measures for unranked sets, but we can easily turn set measures to measures of ranked lists
- Evaluation of ranked results
  - The system can return any number of results
  - By taking various numbers of the top returned documents (levels of recall), the evaluator can produce a precision-recall curve

22

조화 평균과 다른 평균 비교

조화평균, 기하평균, 산술평균, 최대값, 최소값간의 상호 관계를 보인다.

- 조화평균이 세 가지 평균 중에서 가장 낮으나 최소값보다는 항상 크다.
- 두 개 값(recall, precision)의 차이가 적을수록(예를 들면 precision 80-100 구간) 세 가지 평균 차이가 적다.
- 두 개 값의 차이가 큰 구간(예를 들면, precision 0-20 구간)에서 세 가지 평균 값 차이가 현저하다.

순위 결과 평가

순위를 가지는 검색물에 대해서도 정확도, 회상도, F-측정 지표를 손쉽게 적용할 수 있다.

precision/recall graph

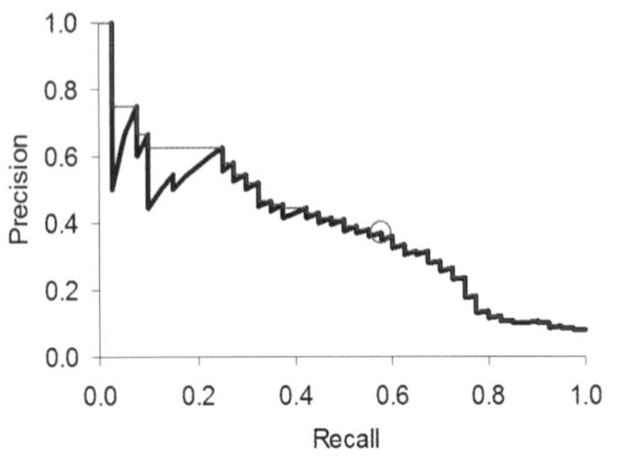

23

정확도/회상도 그래프

정확도/회상도 그래프에서 각 점은 상위 k (k=1,2,3,4,...) 검색 문서에 대한 정확도 및 회상도를 표시한다.

정확도/회상도 그래프는 항상 톱니(saw tooth) 모양을 보이는데, 이는 (k+1) 반환 문서가 관련성이 없으며 회상도는 변화없고 정확도가 감소하며, (k+1) 반환 문서가 관련이 있으면, 회상도와 정확도가 함께 증가하기 때문(그 결과 그래프가 오른쪽으로 상방향으로 그려짐)이다.

이러한 그래프의 작은 움직임은 보통 보간법(interpolation)을 활용하여 그래프 모양을 일부 변경시킨다.

붉은 색은 interpolation을 한 결과를 보이는데, 보간법을 하는 이유는 일반적으로 사용자는 precision/recall이 동시에 증가하면 다 많은 결과를 보기 원하기 때문이다.

Interpolated precision (1/2)

- A precision-recall graph for one query isn't a very sensible thing to look at
- You need to average performance over a whole bunch of queries
- Technical issue
  - Precision-recall calculations place some points on the graph
  - How do you determine a value (interpolate) between the points?

24

정확도 보간 (1/2)

Interpolated precision (2/2)

- Idea: If locally precision increases with increasing recall, then anyone would like to look at a few more documents
- Take the maximum value of precisions to right of value

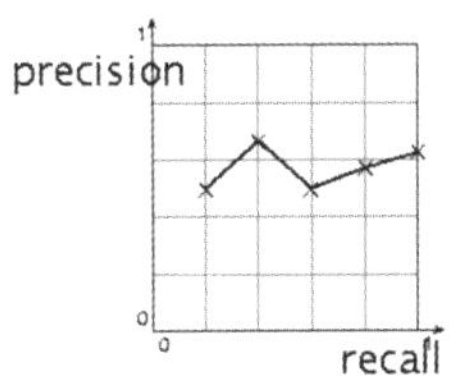

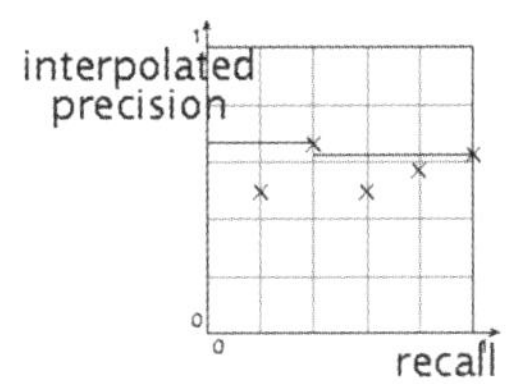

25

정확도 보간 (2/2)

정확도 보간은 오른쪽 값의 최대값을 활용한다. 즉,

$P_{interp}(r) = \max_{r' > = r} P(r')$, for any recall level r' > r.

Evaluation

- Graphs are good, but people want summary measures!
  - Precision at fixed retrieval level
    - Precision-at-k: Precision of top k results
    - Perhaps appropriate for most of web search: all people want are good matches on the first one or two results pages, but averages badly and has an arbitrary parameter of k
  - 11-point interpolated average precision
    - The standard measure in the early TREC competitions: you take the precision at 11 levels of recall varying from 0 to 1 by tenths of the documents, using interpolation (the value for 0 is always interpolated!), and average them
    - Evaluates performance at all recall levels

26

평가

정확도/회상도 그래프는 검색 시스템의 성능을 잘 보여주고 있으나, 사용자에게 정보검색시스템 성능을 보여주는 좀 더 단순화된 수치를 정의하여 사용한다. 즉, 11점 보간된 평균 정확도이다.

이는 회상도 0.0, 0.1, 0.2, ...,1.0까지 총 11개 회상도에 대하여 (보간된) 정확도를 산출한 후에, 이에 대한 산술평균을 구하는 것이다. 11점 평균 정확도는 TREC 워크샵에서 사용되었다.

11-point interpolated average precision

- 11-point average = 0.425

Recall	Interpolated precision
0.0	1.00
0.1	0.67
0.2	0.63
0.3	0.55
0.4	0.45
0.5	0.41
0.6	0.36
0.7	0.29
0.8	0.13
0.9	0.10
1.0	0.08

27

Typical (good) 11 point precisions

- SabIR/Cornell 8A1 11pt precision from TREC 8 (1999)

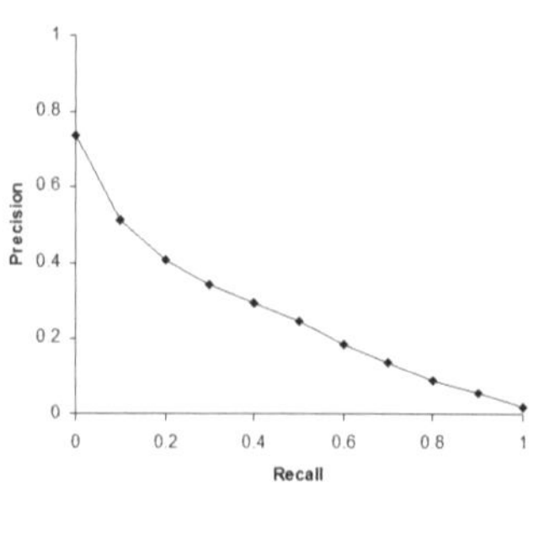

28

11점 보간된 평균 정확도

이는 회상도 0.0, 0.1, 0.2, ...,1.0까지 총 11개 회상도에 대하여 (보간된) 정확도를 산출한 후에, 이에 대한 산술평균을 구하는 것이다.

회상도가 0인 경우는 정확도는 당연히 0이다. 그러나 11점 평균 정확도에서서는 회상도가 0인 경우는 보간된 정확도 값을 사용한다. 그 결과 회상도 0에 대한 정확도는 항상 0이상이다.

전형적인 11점 정확도

TREC 워크샵에서 발표된 전형적인 11점 보간된 평균 정확도 그래프이다.

Yet more evaluation measures...

- Mean average precision (MAP)
  - Average of the precision value obtained for the top *k* documents, each time a relevant doc is retrieved
  - No interpolation, no fixed recall levels
  - MAP for query collection is arithmetic average
    - Each query counts equally
- R-precision
  - If we have a known (though perhaps incomplete) set of relevant documents of size *Rel*, then calculate precision of the top *Rel* docs returned
  - Perfect system could score 1.0

29

Variance of measures like precision/recall

- For a test collection, it is usual that a system does crummily on some information needs (e.g., MAP = 0.1) and excellently on others (e.g., MAP = 0.7)
- Indeed, it is usually the case that the variance in performance of the same system across queries is much greater than the variance of different systems on the same query.
- That is, there are easy information needs and hard ones!

30

기타 평가 방법

MAP는 최근에 널리 사용되는 지표이다. 한가지 사용자 요구(질의)에 대한 정확도 average precision을 구한 후에,

전체 질의문에 대한 산술 평균값을 구하는 것이다. 한가지 질의에 대한 MAP 값은 시스템에 따라 많은 차이를 보이나, 만약 질의 집합의 크기가 충분히 크고 다양하면, MAP 결과는 안정적인 값이 된다.

정확도/회상도 분산

사용자 정보 요구의 어려움/쉬움이 정보검색 성능 평가에 심각히 작용한다는 설명이다.

4.2 관련성 평가

What we need for a benchmark

- A collection of documents
  - Documents must be representative of the documents we expect to see in reality
- A collection of information needs
  - referred as queries
  - Information needs must be representative of the information needs we expect to see in reality.
- Human relevance assessments
  - We need to hire/pay judges or assessors to do this
  - Expensive, time-consuming
  - Judges must be representative of the users

32

벤치마크 필요 요소

벤치마크를 시행하려면 문서 집합, 정보요구(질의어로 표현), 그리고 질의에 대한 문서의 관련성 여부이다.

본 절에서는 문서 관련성에 대한 논의를 한다.

Validity of relevance assessments

- Test queries
  - Must be germane to docs available
  - Best designed by domain experts
  - Random query terms generally not a good idea
- Relevance assessments
  - Human judges, time-consuming
  - Are human panels perfect?
  - If they are not consistent, then there is no "truth" and experiments are not repeatable
  - How can we measure this consistency or agreement among judges?
    - Kappa statistics

33

관련성 평가 정당성

정보 요구에 대하여 각 문서의 관련성 여부를 결정하여야 하는데, 문서의 크기가 작으면 모든 문서에 대한 관련성 평가가 가능하고(또한 평가하지만), 문서의 크기가 방대하면 각 질의에 대하여 일부분 문서에 대해서만 관련성을 결정할 수 있다.

문제는 해당 분야 전문가간에도 문서 관련성에 대하여 상이한 평가가 존재한다는 것이다. 인간의 특이한(idiosyncratic) 관련성 평가를 어떻게 처리하는가는 정보검색 평가의 중요한 부분이다. 사회 과학 분야에서 Kappa statistics은 평가자간의 일치성을 평가하는 방법이다.

- germane : relevant to a subject under consideration

Kappa measure for inter-judge (dis)agreement

- Kappa measure
  - Agreement measure among judges
  - Designed for categorical judgments
  - Corrects for chance agreement
- Kappa = [P(A) – P(E)] / [1 – P(E)]
  - P(A) : proportion of the times judges agree
  - P(E) : proportion of the times they would be expected to agree by chance
- Kappa value becomes
  - 1 for total agreement
  - 0 for chance agreement
  - negative if they are worse than random

34

Kappa Measure Example

		Judge 2		
		yes	no	total
Judge 1	yes	300	20	320
	no	10	70	80
	total	310	90	400

- P(A) = (300+70)/400 = 0.925
- P(nonrelevant) = (80+90)/(400+400) = 0.2125
- P(relevant) = (320+310)/(400+400) = 0.7878
- P(E) = $0.2125^2 + 0.7878^2$ = 0.665
- Kappa = (0.925 – 0.665) / (1-0.665) = 0.776

35

카바 측정

카파 측정은 관련성 있는 문서에 대한 평가자 차이를 측정하며, 우연에 의한 관련성 문서 일치 현상도 고려한다.

P(E) 계산을 하는 방법은 여러 가지가 가능하다. 만약 두 가지 결과만 존재하는 결정이고 결정에 대한 다른 외부 요인이 전혀 없으면, P(E)를 0.5로 할 수 있다. 그러나 보통 경우는 결과 분포가 skewed 되어 있으며, marginal statistics을 이용하여 우연에 의한 일치 계산을 한다. contingency 테이블에서 marginal statistic은 열(또는 행) 값의 합이다.

카파 측정 예제

$P(E) = P(nonrelevant)^2 + P(relevant)^2$ 이다.

How to interpret Kappa values

- "Kappa > 0.8" means good agreement
- "0.67 < Kappa < 0.8" means fair agreement (acceptable)
- Precise cutoffs depends on purpose of IR objectives
- In the case of more than 2 judges, average pair-wise kappa values

36

Impact of Inter-judge disagreement

- Judges disagree a lot
- Does that mean that the results of information retrieval experiments are meaningless?

- Impact on absolute performance measure can be significant
- Little impact on relative effectiveness ranking of either different systems or variants of a single relative performance

37

카파 값 해석

카파 값을 해석하는 방식 중의 하나이며, 구간 경계값의 정확한 설정은 해당 정보검색 사용 목적에 의해 결정될 수 있다.

평가자간의 불일치 영향

평가자간의 불일치는 특정 검색 시스템의 절대 평가에는 큰 영향을 줄 수 있다. 그러나 성능평가 목적은 다수 시스템 간의 상대평가를 하는 것이다.

문서에 대한 관련성 평가가 평가자들 사이에서도 일치되지 않은 현상을 고려할 때, 특정 정보검색 알고리즘이 다른 알고리즘보다 좋음을 검증하기 위하여 정보검색의 평가 방법을 사용하는 것이 좋은 접근 방식인가? 답은 평가자간의 의견 불일치가 있음에도 불구하고 신뢰할 수 결과를 제공한다는 것이다.

Evaluation at web search engines

- Recall is difficult to measure on the web !!!
- Search engines often use precision at top k (say k = 10)
- Search engines also use non-relevance-based measures
  - Clickthrough on first result
    - Not very reliable if you look at a single clickthrough (you may realize after clicking that the summary was misleading and the document is nonrelevant), but pretty reliable in the aggregate
  - User behavior analysis
  - A/B testing

38

웹 검색 엔진 평가

웹 검색 엔진은 문서 크기 및 규모에서 대규모이다. 이 경우 회상도를 계산하기는 실질적으로 불가능하다.

웹 검색 엔진 평가는 전통적인 적합도-회상도 평가 외에 상기와 같이 다른 방법을 이용한다.

A/B testing

- Purpose: Test a single innovation
- Prerequisite: You have a large search engine up and running
- Have most users use old system
- Divert a small proportion of traffic (e.g., 1%) to the new system that includes the innovation
- Evaluate with an "automatic" measure like clickthrough on first result
- Now we can directly see if the innovation does improve user happiness
- Probably the evaluation methodology that large search engines trust most
- Easy to understand

39

A/B 시험

As the name implies, two versions (A and B) are compared, which are identical except for one variation that might affect a user's behavior. Version A might be the currently used version (control), while version B is modified in some respect (treatment). For instance, on an e-commerce website the purchase funnel is typically a good candidate for A/B testing, as even marginal improvements in drop-off rates can represent a significant gain in sales. Significant improvements can sometimes be seen through testing elements like copy text, layouts, images and colors, but not always.

Marginal relevance (1/2)

- We've defined relevance for an isolated query-document pair !!!
- Alternative: marginal relevance
  - The marginal relevance of a document at position k in the result list is the additional information it contributes over and above the information that was contained in documents d_1 ... d_{k-1}
- Why marginal relevance
  - A document can be redundant even if it is highly relevant
  - Takes care of duplicates or (very) similar information from different sources

40

Marginal relevance (2/2)

- Marginal relevance is a better measure of utility for the user
- Maximizing marginal relevance requires returning documents that exhibit diversity and novelty
  - In some cases, a query may have an ambiguous interpretation, or a variety of potential responses. Providing a diversity of results can be a consideration when evaluating the utility of a result set.
- But harder to create evaluation set

41

경계 적합도(marginal relevance) (1/2)

현재까지는 문서 관련성은 질의와의 관계 만에 의하여 결정되었다.

대규모 정보검색 환경(대표적으로 웹 검색)에서 반환되는 문서는 중복 문서가 많이 존재하며, 그 원인 중의 하나는 다른 정보 소스가 동일(또는 거의 유사한) 문서를 보관하기 때문이다. 이 경우 동일 문서를 반복적으로 접하는 사용자는 해당 문서의 관련성을 실감하지 못하며, 이에 대한 해결책으로 제시된 개념이 경계 적합도이다. 문서의 관련성을 결정할 때 질의와의 관련성 뿐만 아니라, 검색 결과에서 해당 문서 앞에 나오는 문서를 고려하여 해당 문서가 사용자에게 제공하는 부가적인 관련성(앞 문서가 제공하지 않는 관련성)을 고려하는 것이 경계 적합도이다.

경계 적합도(marginal relevance) (2/2)

The documents which are most relevant are not necessarily those which are most useful to display in the first page of search results. For example, two duplicate documents might be individually considered quite relevant, but it is only useful to display one of them. A measure called "maximal marginal relevance" (MMR) has been proposed to overcome this shortcoming. It considers the relevance of each document only in terms of how much new information it brings given the previous results.

Marginal relevance의 자세한 사항은 Carbonell 논문을 참고하길 바란다.

[CaGo98] J. Carbonell and J. Goldstein, The use of MMR, Diversity-based Reranking for Reordering Documents and Producing Summaries, in Proceedings of the 21st annual international ACM SIGIR conference on Research and development in information retrieval (SIGIR), pages 335-336, 1998.

4.3 결과 표현

How do we present results to the user?

- Most often presented as a list (say, "10 blue links")
- How should each document in the list be described?
  - This description is crucial
  - The user often can identify good hits (= relevant hits) based on the description
  - No need to "click" on all documents sequentially

43

결과를 사용자에게 어떻게 표현하는가?

가장 흔한 방식은 문서의 간단한 요약(snippet라고 함)을 사용자에게 보이게 하는 것이며, snippet는 문서명, (자동적으로 추출되는) 요약문, URL, 메타 데이터 등으로 구성된다.

Result document example

- Commonly, doc title, url, some metadata, ... and a summary
  - How do we "compute" the summary?

John McCain
John McCain 2008 - The Official Website of John McCain's 2008 Campaign for President ... African American Coalition; Americans of Faith; American Indians for McCain; Americans with ...
www.johnmccain.com · Cached page

JohnMcCain.com - McCain-Palin 2008
John McCain 2008 - The Official Website of John McCain's 2008 Campaign for President ... African American Coalition; Americans of Faith; American Indians for McCain; Americans with ...
www.johnmccain.com/Informing/Issues · Cached page

John McCain News- msnbc.com
Complete political coverage of John McCain. ... Republican leaders said Saturday that they were worried that Sen. John McCain was heading for defeat unless he brought stability to ...
www.msnbc.msn.com/id/16438320 · Cached page

John McCain | Facebook
Welcome to the official Facebook Page of John McCain. Get exclusive content and interact with John McCain right from Facebook. Join Facebook to create your own Page or to start ...
www.facebook.com/johnmccain · Cached page

44

문서 결과 예제

문서 결과 예제이다. 상기와 유사한 결과 문서 형태는 웹 검색 환경에서 흔하게 접할 수 있다.

Summaries

- Two basic kinds:
  - Static
  - Dynamic
- A static summary of a document is always the same, regardless of the query that hit the doc
- A dynamic summary is a query-dependent attempt to explain why the document was retrieved for the query at hand

45

요약

문서 제목은 문서 메타 데이터에서 쉽게 구할 수 있으나, 문서 요약을 산출은 간단하지 않다.

Static summaries

- In typical systems, the static summary is a subset of the document
- Simplest heuristic: the first 50 (or so – this can be varied) words of the document
  - Summary cached at indexing time
- More sophisticated: extract from each document a set of "key" sentences
  - Simple NLP heuristics to score each sentence
  - Summary is made up of top-scoring sentences
- Most sophisticated: NLP used to synthesize a summary
  - For example, replace a pronoun with the noun phase it refers to
  - Not quite ready for real applications yet !!!

46

정적 요약

문서의 메타 데이터를 이용하여 정적 요약을 작성하기도 한다. 저자, 작성일, 메타 데이터, meta 원소 등을 활용한다.

HTML 메타 테그 설명이다.

- The <meta> tag provides metadata about the HTML document.
- Metadata will not be displayed on the page, but will be machine parsable.
- Meta elements are typically used to specify page description, keywords, author of the document, last modified, and other metadata.

```
<head>
<meta charset="UTF-8">
<meta name="description" content="Free Web tutorials">
<meta name="keywords" content="HTML,CSS,XML,JavaScript">
<meta name="author" content="John Doe">
</head>
```

Dynamic summaries

- Dynamic summaries cannot be precomputed !
- Present one or more "windows" within the document that contain several of the query terms
  - "KWIC" snippets: Keyword in Context presentation

Google christopher manning
Christopher Manning, Stanford NLP
Christopher Manning, Associate Professor of Computer Science and Linguistics, Stanford University.
nlp.stanford.edu/~**manning**/ - 12k - Cached - Similar pages

Google christopher manning machine translation
Christopher Manning, Stanford NLP
Christopher Manning, Associate Professor of Computer Science and Linguistics, ... computational semantics, **machine translation**, grammar induction, ...
nlp.stanford.edu/~**manning**/ - 12k - Cached - Similar pages

YAHOO! **christopher manning**
Christopher Manning, Stanford NLP
Christopher Manning, Associate Professor of Computer Science and Linguistics, Stanford University ... **Chris Manning** works on systems and formalisms that can ..
nlp.stanford.edu/~manning - Cached

47

Techniques for dynamic summaries

- Find small windows in document that contain query terms
  - Requires fast window lookup in a document cache
- Score each window w.r.t. query
  - Use various features such as window width, position in document, etc.
  - Combine features through a scoring function
- Challenges in evaluation:
  - judging summaries

48

동적 요약

동적 요약은 사용자의 정보 요구를 가장 만족하는 문서 부분을 사용자에게 제시하려고 하며, 주로 제시되는 문서 부분에는 질의 단어가 포함되므로 KWIC snippet라고 한다.

동작 요약 기술

검색 단어는 문서의 다수 위치에 나타날 것인데, 동적 요약은 아래 사항을 고려하여 문서 일부를 추출하는 작업(text summarization, automatic summarization)이다.

- maximally informative about the discussion of those terms in the document
- self-contained enough to be easy to read
- short enough to fit within the normally strict constraints on the space available for summaries

Automatic summarization is the process of shortening a text document with software, in order to create a summary with the major points of the original document. Technologies that can make a coherent summary take into account variables such as length, writing style and syntax. Automatic data summarization is part of machine learning and data mining. The main idea of summarization is to find a subset of data which contains the "information" of the entire set. Such techniques are widely used in industry today.

Quicklinks (1/2)

- For a navigational query such as united airlines, user's need likely satisfied on www.united.com
- Quicklinks provide navigational cues on that home page

Quicklinks (1/2)

결과 페이지에는 탐색하고자 하는 목적 페이지로 이동할 수 있는 탐색 경로를 제시한다.

Quicklinks (2/2)

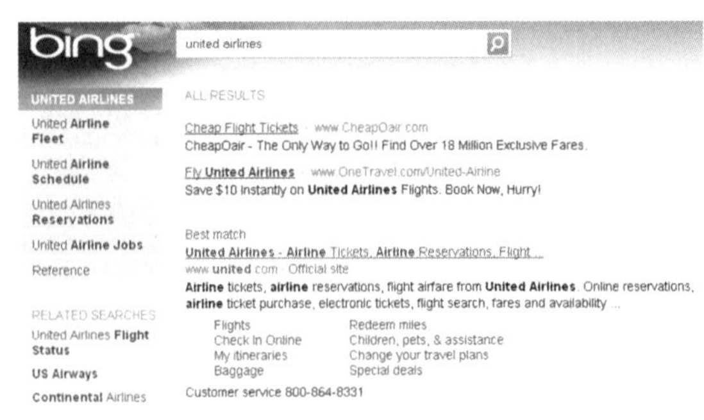

Quicklinks (2/2)

주요 검색 포털 예제이다.

XML 기초

Subtopics

- Introduction to XML
- XML Basis
- Document Type Definition (DTD)
- XML Schema

2

구성 요소

본 장에서는 XML 기초에 대하여 살펴본다. 1990년대 W3C는 웹 서비스에서 사용할 문서를 위한 새로운 마크업 언어로서 XML를 개발하였다. 본 장의 세부 목차는 상기 슬라이드와 같다.

XML과 데이터베이스 시스템간의 지원 및 연동에 대한 논의를 하려면, XML에 대한 사전 지식이 필요하다. 2절 XML 기초, 3절 DTD, 4절 XML 스키마는 XML에 대한 기초지식에 대한 내용이며, XML에 대한 지식이 있는 독자는 2-4절을 생략하여도 무방하다.

5.1 XML 입문

What is XML?

- XML: Extensible Markup Language
- Defined by the WWW Consortium (W3C)
- Derived from SGML (Standard Generalized Markup Language), but simpler to use than SGML
- Extensible unlike HTML
  - Users can add new tags, and separately specify how the tag should be handled for display
- Easy to integrate existing systems
- XML solves some issues in document exchange
  - character encoding, escape sequences, syntactical definition of documents, parsing, ...

4

XML는 무엇인가?

W3C는 1994년 MIT에서 시작되었고 지금은 국제적으로 많은 회원(2015년 5월 기준 397회원)이 협력하는 웹 표준을 개발하는 컨소시엄이다. W3C는 웹 기술에 대하여 지금까지 많은 국제 표준 스펙(specification)을 발표하고 있으며 주요 IT 기업이 X3C 기술 표준을 그들의 제품 군에서 지원하고 있다.

상기 슬라이드는 XML에 대한 가장 일반적인 설명이다. 기존의 SGML 기술을 기초로 하여 XML 기술이 탄생하였고, 기관 간의 자료 교환 또는 문서 교환 표준으로 개발되었다. XML는 웹 서비스의 근간을 이루는 원천기술이며, 이를 이용하여 다양한 웹 서비스가 가능하다.

XML History

- First ideas for SGML at IBM (1969)
- SGML ISO Specification (1986)
- XML (1996)
- XML 1.0 (1998)
  - Currently the fifth edition (2008)
  - Widely implemented
- XML 1.1 (2003)
  - Currently the second edition (2006)

5

XML (1/2)

- Data interchange is critical in today's networked world
  - Paper flow of information between organizations is being replaced by electronic flow of information
  - Examples
    - Banking: funds transfer
    - Order processing (especially inter-company orders)
  - Each application area has its own set of standards for representing information
- Earlier generation formats
  - Were based on plain text with line headers indicating the meaning of fields
  - No nested structures, no standard "type" language
  - Tied too closely to low level document structure (lines, spaces, etc.)

6

XML 역사

상기 그림은 간략한 XML 역사를 보인다. XML 표준은 W3C에서 주도하고 있으며, 현재는 XML 1.0의 fifth edition (2008)과 XML 1.1의 second edition (2006)이 널리 사용되고 있다.

XML (1/2)

상기 그림은 XML 개발 동기를 설명한다. 기관 사이의 데이터 교환 또는 문서 교환은 현대 정보화 사회에서 필수적인 현상인데, 예전의 단순화일 형식의 문서 교환 방식은 기능면에서 부족한 면이 많다.

XML (2/2)

- The ability to specify new tags and to create nested tag structures make XML a great way to exchange data, not just documents
  - XML´s main purpose is a physical representation for electronic data exchange (EDS)
- Each XML-based standard defines what are valid elements, using XML type specification languages to specify the syntax (DTD (Document Type Descriptors), XML Schema) plus textual descriptions of the semantics
- A wide variety of tools is available for parsing, browsing and querying XML documents/data

7

W3C Technology Stack

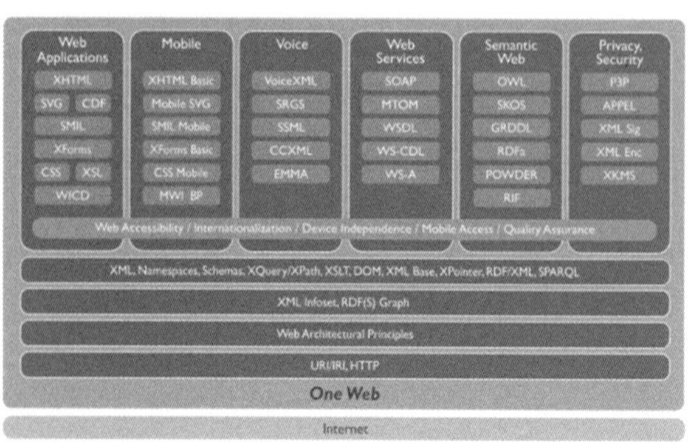

8

XML (2/2)

상기 그림은 문서 교환 및 자료 교환 시에 왜 XML 기술이 좋은가를 설명한다.

사용자에게 임의로 태그를 생성할 수 있는 기능이 제공되는 소위 확장성이 탁월하며, 문서의 유효성을 검증하는 표준이 존재하고, 국제 표준 기술이고, 또한 XML를 지원하는 다양한 도구가 존재한다.

W3C 기술 스택

상기 슬라이드는 W3C에서 고려하는 웹 기술 stack으로서, W3C가 수행한 대부분의 작업을 포함하여 웹 기반 구조에 대한 전반적인 모습을 보인다. “One Web”을 구성하는 웹 구조는 4 계층으로 이루어져 있다.

- XML, Namespace, Schema, XQuery/XPath, XSLT, DOM, …
- XML Infoset, RDF Graph
- Web Architectural Principles
- URI/IRI, HTTP

웹 구조 위에는 6개의 주요 활동 분야가 있으며, Web Applications, Mobile, Voice, Web Services, Semantic Web, Privacy/Security이다.

6개 분야의 기술을 보급하기 위하여 5개의 기본 정책을 제시하고 있다. 즉, web accessibility, internationalization, device independence, mobile access, quality assurance이다.

본 장에서 다루는 XML 기술은 W3C “One Web”의 근간 기술임을 알 수 있다.

XML Applications

- Exchange of information between organizations
- Electronic commerce applications where different organizations collaborate to serve a customer
- Large Web site maintenance
- Off-loading and reloading of databases
- Scientific applications with new markup languages for mathematical and chemical formulas
- Electronic books with new markup languages to express rights and ownership
- Handheld devices and smart phones with new markup languages optimized for these "alternative" devices

9

XML 응용

XML는 기관사이의 정보 교환용으로 널리 쓰이며, 그 외에서 전자상거래, 웹 사이트 관리, 데이터 배분(syndication) 등 다양한 분야에서 사용되고 있다.

5.2 XML 기초

Markup Languages (1/2)

- Markups refers to anything in a document that is not intended to be part of the printed output
  - Keywords enclosing text or nested markup
- Examples
  - HTML: <b>Soongsil University</b>
    - "Soongsil University" is presented in bold face
  - XML: <name> Soongsil University </name>
    - "Soongsil University" is marked as a name with no further meaning
  - LaTex: ₩begin{abstract} In our book, we... ₩end{abstract}
    - The enclosed text may be type set in a special way for a printed version of a book

11

마크업 언어 (1/2)

XML는 마크업 언어이므로, 마크업 언어에 대한 설명으로 본 절을 시작한다. 웹 페이지 작성에 널리 사용되는 HTML도 마크업 언어이다.

Markup Languages (2/2)

- Markup Languages
  - SGML (XML is a subset of SGML)
  - XML
  - TeX (LaTex) for type setting
  - RTF (rich text format)
  - HTML (Hypertext Markup Language)
- The last three standards define syntax and semantics of documents
- XML only defines syntax only; semantics are not part of XML

12

HTML vs. XML

- A sample HTML document

```
<HTML>
  <HEAD>
    <TITLE> Welcome to HTML</TITLE>
  </HEAD>
  <BODY>
    <CENTER> <H1> centered body line </H1> </CENTER>
    This is an HTML document!
  </BODY>
</HTML>
```

- A sample XML Document

```
<?xml version="1.0" encoding="UTF-8"?>
<document>
  <heading>     Welcome to XML              </heading>
  <message>     This is an XML document!    </message>
</document>
```

13

마크업 언어 (2/2)

마크업 언어 중에서 HTML는 사용자가 사용할 수 있는 태그가 이미 정의되어 있고, 태그의 사용법 및 해당 태그가 가지는 의미도 정의되어 있다. 예를 들면 <center> 태그(다음 페이지 그림 참조)는 해당 데이터를 페이지 중간에 위치시키는 역할을 한다.

XML는 태그명을 사용자가 정의할 수 있으며, XML 기술은 태그 사용법은 정의하고 있으나 해당 데이터 처리 의미를 정의하지 않는다. 예를 들면 <heading> 태그(다름 페이지 그림 참조)는 해당 데이터 처리 방식을 정의하지는 않는다. "Welcome to XML" 문장이 문서의 해드 내용인지 또한 다른 내용인지 XML는 상관하지 않는다. 이런 면에서 XML는 철자법(syntax)는 정의하나, 의미(semantic)를 정의하지는 않는다.

HTML 및 XML

상기 그림은 간단한 HTML 문서와 XML 문서를 보인다.

XML is Human Readable

- Tags make data to be relatively self-documented
  - <bank>

```
<bank>
  <account>
    <accountNumber>  A-101       </accountNumber>
    <branchName>     Downtown    </branchName>
    <balance>        500         </balance>
  </account>
  <depositor>
    <accountNumber>  A-101       </accountNumber>
    <customerName>   Lee         </customerName>
  </depositor>
</bank>
```

- XML is human readable and machine readable

14

Element Naming Rules

- XML elements are case sensitive
  - <Root> <Branch> </Branch> </Root>
- Element naming rules
  - Can contain all alphanumeric characters
  - Can't begin with a number or a punctuation character (except "_ (underline)" and ": (colon)")
  - Must not start with "xml", which is reserved
  - Can't contain any spaces
  - hyphen(-), underline(_), period(.) are allowed (but not in the start position)
- Valid tags
  - <p> <copyright-info> <FirstName> <_firstname>
- Invalid tags
  - <123> <tom&jerry> <xml.is.nice> <database books> <m@gic> <dollars$>

15

HTML 문서는 수월히 읽을 수 있다.

XML 문서에 대한 일반 설명 중의 하나이다. XML 문서 태그는 자체적으로 표현하고자 하는 의미를 표현하는 경우가 많아, 사용자가 문서 읽기에 비교적 수월하다.

XML 원소 명명 규칙

XML 원소 명명 규칙이다. 원소명은 대소문자를 구분한다. 원소명에 밑줄과 콜론을 제외한 특수문자, 빈칸은 허용되지 않고, 기본적으로 영문 및 숫자로만 구성한다. 후에 나오지만 시스템이 명명하는 원소명에서 콜론은 다른 의미로 사용된다.

Empty Elements

- Like HTML tags, XML elements can have attributes
  - <Countries>
    <country name="Korea"> </country>
    <country name="China"> </country>
    </Countries>
- Elements that have no content or subelement are called empty elements
  - empty elements only have one tag, not a start and end tag
  - close an empty element with "/>"
  - Example

```
<?xml version="1.0" encoding="UTF-8"?>
<document>
        <heading position="center"/>
        <message> An XML document! </message>
</document>
```

16

XML Declaration

- XML declaration in the first line
  - Expresses processing instruction
  - Always has prefix "xml", starts with "<?"
  - <?xml version="1.0" standalone="yes" encoding="UTF-8"?>
- Version
  - Currently only 1.0 or 1.1 is possible
- Standalone
  - Set to "yes" if the document does not refer to any external documents or entities, "no" otherwise
  - This attribute is optional
- Encoding
  - Default here is UTF-8
  - This attribute is optional

17

빈 원소

일반적인 원소는 시작태그/내용/마침태그로 구성된다.

빈 원소는 내용이 없는 원소이며, 내용이 없으므로 시작태그 마지막에 슬래시(/)를 첨가하여 마침태그 없이 사용할 수 있다.

원소는 속성을 가질 수가 있는데, 이는 다음에 자세히 설명한다.

XML 선언

모든 XML 문서는 가장 처음에 XML 선언을 하여야 한다. 버전, 코딩 정보, 단독문서 여부 등이 선언 문장에 명시된다.

XML에서 사용되는 문자는 Unicode와 ISO/IEC 10646 문자 체계를 따른다. 한 문자를 표현하기 위하여 유니코드는 2 바이트를 사용하며, ISO/IEC 10646 코드는 4 바이트를 사용한다. 실제 문자 코드를 컴퓨터 내부의 비트 패턴으로 변환하는 encoding 방법은 다양하며, XML 문서는 유니코드의 UTF-8 또는 UTF-16 encoding 방식을 지원한다. XML 문서 내에서 한국어를 사용하려면 encoding 값을 ECU-KR로 하여야 한다.

standalone 속성이 없으면 파서는 standalone="no" 로 인식한다. (XML문서가 일반적으로 외부 엔터티 또는 외부 DTD 화일을 보통 참조하므로) 만약 주어진 문서만으로도 모든 처리가 가능하면 standalone="yes"로 하여야 한다.

Tag Attributes

- Elements can have attributes
  - <account accontType="checking" monthlyFee="5">
    <accountNum> A-102 </accountNum>
    <branchName> Sangdo </branchName>
    </account>
- Provides additional information to a tag
- Attributes are specified by "name=value" pairs inside the starting tag of an element
- An element may have several attributes, but each attribute name can only occur once
- Attribute names follow the same rules as tag names
- Attributes are separated by spaces

18

태그 속성

태그는 속성을 가질 수 있다.

속성은 태그에 대한 부가 정보를 표현할 수 있으며, 속성 명명 규칙은 원소 명명 규칙과 동일하다.

Attributes vs. Subelements

- Distinction between subelement and attribute
  - Attributes are part of markup, while subelement contents are part of the basic document contents
  - Same information can be represented in two ways
    - <account accountNumber = "A-101"> .... </account>
    - <account>
      <accountNumber> A-101 </accountNumber>
      ...
      </account>
- Use attributes for identifiers of elements, and use subelements for contents

19

속성과 서브원소간의 차이점

상기 그림은 속성과 서브원소간의 차이점을 설명한다.

원소 구분자는 속성으로 표현하는 것을 권장한다.

Subelements

- Mixture of text with sub-elements is legal in XML
  - <account>
    This account is seldom used any more.
    <accountNumber> A-102 </accountNumber>
    <branchName> Perryridge </branchName>
    <balance> 400 </balance>
    </account>
  - Useful for document markup, but discouraged for data representation
- To store string data that may contain tags without the tags being interpreted as subelements, use CDATA.
  - <myTag1> <![CDATA[<account> ... </account>]]> </myTag1>
  - Here, <account> and </account> are treated as just strings
  - CDATA stands for "character data"

20

Comments in XML

- Comments are ignored by XML parsers

- <?xml version="1.0"?>
  <!-- this is my first comment in XML ha! ha! ha! -->
  <address> <!-- this is the root element -->
  <person>
  <name>SHLee</name>
  <email>shlee@199gmail.com</email>
  </person>
  <street>1-1 Sangdo-dong</street>
  <room>325</room>
  </address> <!-- the end of the root element -->

21

서브원소

XML 서브원소에 대한 몇 가지 설명이다.

XML 문서는 XML 파서에 의하여 파싱(분석)되지만, CDATA 영역으로 지정이 되면 파서가 일반적인 문자형식으로 인식한다. XML 파서는 CDATA 영역내의 기호를 XML 문서를 위한 의미 있는 기호가 아니고 단순 문자로 처리한다.

주석문

XML 문서에서 주석문을 표기하는 방식이다.

원소의 시작 태그 및 마침 태그 내에는 주석이 삽입될 수 없다. 또한 XML 선언 이전에는 위치할 수 없다.

Well-formed vs. Valid Documents

- Well-formed documents
  - Each start tag is terminated by one end tag with the same name
  - One root tag (root node) exists
  - Arbitrary text between tags allowed and/or well formed sequence of other tags
- Valid documents
  - Well-formed document
  - Document conforms to associated XML schema or DTD

22

Well-Formed XML Documents (1/2)

- Requirements for well-form documents
  - Beginning the document with an XML declaration
  - Using only legal character references
  - Including at least one element
  - Structuring elements correctly
  - Using the root element to contain all other elements
  - Making attribute names unique

23

적합(well–formed) 및 유효 문서

적합(well-formed) 및 유효 문서에 대한 설명이다. 유효문서가 되기 위해서는 우선 적합 문서이어야 한다.

적합 XML 문서 (1/2)

적합 문서 요구사항이다. XML 문서가 적합 문서가 되기 위해서는 모든 원소를 포함하는 뿌리 원소가 반드시 하나 있어야 한다.

Well-Formed XML Documents (2/2)

- XML documents are structured hierarchically
- The structure is tree-like
- Order of nodes relevant

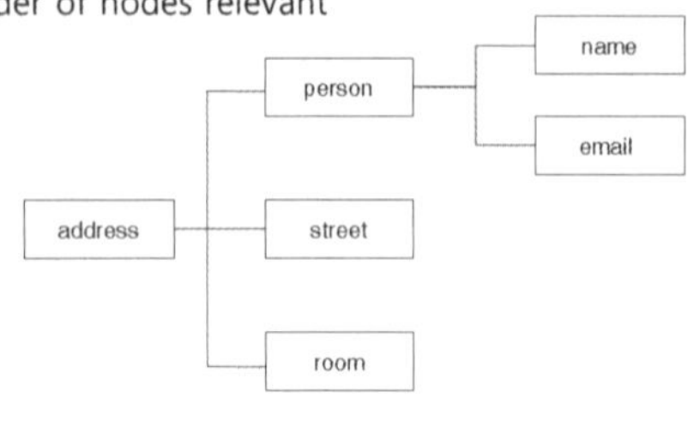

24

XML Namespaces

- XML data has to be exchanged between organizations
- One could add tags to the format independent of each others
- The same tag name may have different meaning in different organizations, causing confusion on exchanged documents
- Solution: use "unique-name:element-name"
- Avoid using long unique names all over documents by using XML Namespaces
- <bank xmlns:FB='http://www.firstbank.com'>

25

적합 XML 문서 (2/2)

적합 문서는 구조적 트리 구조를 가진다. 이러한 성질은 후에 XML 문서 질의 시에 활용된다.

XML 이름 공간

XML 문서 교환 시에 동일 태그 이름은 혼란 가능성이 있으므로, 사용자는 XML 이름공간을 선언하여 각 태그 이름을 유일하게 한다.

Namespace Example (1/3)

- How can conflicts between tag names be avoided?
- Consider an XML format for movies
  - One uses <rating> for a tag denoting how other consume rates the file (from 5 stars = very good to zero stars = very bad)
  - Other use <rating> for family guide (G, PG, R, ...)
- Renaming of all tag name is expensive
- Use XML namespaces for distinguishing names

26

이름 공간 예제 (1/3)

XML 이름 공간 사용을 사용하는 영화 XML 문서 예제이다.

Namespace Example (2/3)

- Original XML

```
– <movies>
        <movie>
            <title>Man in Black</title>
            <rating>3</rating>
        </movie>
  </movies>
```

- Another XML

```
– <movies>
        <movie>
            <title>Man in Black</title>
            <rating>PG</rating> <!-- rating -->
        </movie>
  </movies>
```

27

이름 공간 예제 (2/3)

상기와 같은 2가지 영화 XML 문서를 단일 XML 문서로 병합하는 경우, 동일 태그 이름이 있어 문제가 발생할 수 있다.

Namespace Example (3/3)

```
<vendor:movies
xmlns:my="http://www.abc.com/movies"
xmlns:vendor="http://www.bcd.com/movies">

<vendor:movie>
    <vendor:title>     Man In Black </vendor:title>
    <my:rating>        3            </my:rating>
    <vendor:rating>    PG           </vendor:rating>
</vendor:movie>

</vendor:movies>
```

28

URI, URN, URL (1/2)

- URI (Uniform Resource Identifier)
  - RFC 2396 (1998): a compact string of characters for identifying an abstract or physical resource
  - Examples: all URL and URN
- URN (Uniform Resource Name)
  - RFC 2141 (1997): subset of URI that are required to remain globally unique and persistent even when the resource ceases to exist or becomes unavailable
  - Example: "URN:ISBN:0-395-36341-1" (defines a specific book)
- URL (Uniform Resource Locator)
  - RFC 1738 (1994): a formalized information for location and access of resources via the internet
  - Example URL: "http://www.ietf.org/rfc/rfc1738.txt"

29

이름 공간 예제 (3/3)

XML 이름 공간을 선언하여 태그 이름을 유일하게 한다.

URI, URN, URL (1/2)

URI, URN, URL에 대한 설명이다.

A Request for Comments (RFC) is a publication of the Internet Engineering Task Force (IETF) and the Internet Society, the principal technical development and standards-setting bodies for the Internet. The IETF adopts some of the proposals published as RFCs as Internet standards.

URI, URN, URL (2/2)

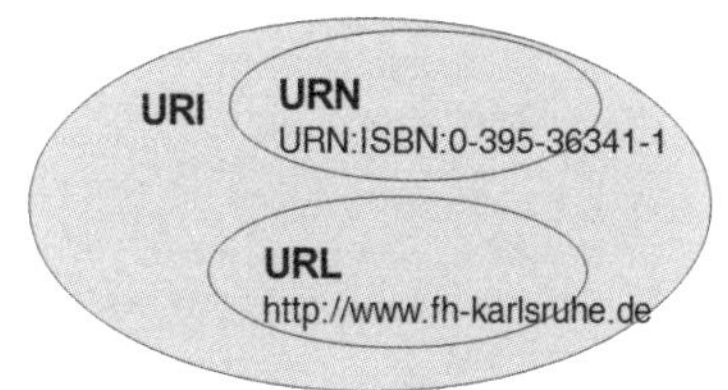

- URI ⊊ URN (⊆/)
- URI ⊊ URL (⊆/)
- URI must not be existent; URI's existence is not checked by a parser
- Use URLs as URIs

30

Default Namespace

- "xmlns=URI" declares the default namespace
  - the namespace for all elements without a prefix
-

```
<movies   xmlns="http://www.abc.com/movies"
          xmlns:cp="http://www.xyz.com/movies">
     <movie>
          <title>        Man in Black </title>
          <rating>       PG     </rating>
          <cp:rating>    3      </cp:rating>
     </movie>
</movies>
```

31

URI, URN, URL (2/2)

XML 이름 공간으로는 URL를 사용한다.

디폴트 이름 공간

문서에서 디폴트 이름공간을 선언되면, 이름 공간이 명시되지 않는 태그는 디폴트 이름공간을 사용한다.

5.3 DTD

What DTD (or XML Schema) Does?

- So far we learn syntax of XML documents, but
  - No information is given whether a tag is optional or mandatory, whether it can be repeated or not, ...
  - No definition of how data (content of an element) is represented, e.g. numbers, dates, ...
- Why DTD / XML Schema?
  - Well-formed documents are not strict enough for automatically processing
  - Parser can check syntax of documents before processing or writing them
  - Electronics documents should be as unambiguous for automated processing as possible

33

DTD (또는 XML 스키마)의 역할

DTD (또는 XML 스키마)의 역할은 XML 문서 형식을 정의하는 것이다.

XML 문서는 적합 문서뿐만 아니고, 정의된 형식에 적합하게 작성되어야 XML 문서를 자동적으로 분석할 수 있다. DTD 또는 XML 스키마는 XML 문서 형식을 정의한다.

DTD vs. XML Schema

- Document Type Definition (DTD)
  - 20 year old (part of SGML)
  - Developed before XML
  - Simple to use, proven solution
  - Not in XML syntax
  - No type system (content is text)
  - Sufficient to check documents validity
- XML schema
  - Developed after XML
  - More powerful and complicated than DTD
  - In XML syntax
  - Elaborated and extensible type system
  - Automatic mapping (XML <-> Java) available
- Both are equally powerful with respect to the syntactical definition of an XML language

34

DTD 대 XML 스키마

DTD 대 XML 스키마를 비교하는 설명이다. DTD는 오래 전에 개발되었으나 간편하게 사용이 가능하고, XML 스키마는 XML 기술과 동시에 개발이 되었고 보다 많은 기능을 사용자에게 제공한다.

DTD Example

- ```
  <?xml version="1.0"?>
  <movies> <movie>
                  <title>Man in Black</title>
                  <rating>3</rating>
           </movie>
  </movies>
  ```

- ```
  <!ELEMENT  movies     (movie+)>
  <!ELEMENT  movie      (title, rating)>
  <!ELEMENT  title      (#PCDATA)>
  <!ELEMENT  rating     (#PCDATA)>
  ```
  - One or more movie elements
  - Mandatory "title" followed by mandatory "rating"
  - Title and rating contain plain text

- DTD uses a subset of context free languages
- PCDATA: Parsed Character Data

35

DOCTYPE Declaration

- ```
  <!DOCTYPE  root  SYSTEM  URI >
  <!DOCTYPE  root  [DTD] >
  <!DOCTYPE  root  SYSTEM  URI  [DTD] >
  ```
- "root" is the root element name defined in the DTD
- The location of the DTD file is given as a URI after the keyword SYSTEM
- If no external DTD is used, SYSTEN is omitted and the DTD is given in brackets [ ]
- If internal and external DTD are used, the internal DTD is given in brackets after the URI of the external DTD

37

유효한 XML 문서

유효한 XML 문서 정의와 예제이다.

상기 DTD에서 movies 원소는 title과 rating 원소로 구성이 되는데, 아래 XML 문서에는 media 원소가 있으므로 상기 문서는 유효하지 않다.

DOCTYPE 선언

상기 그림은 DTD를 선언하는 방식을 설명한다. DTD를 선언하는 방식은 크게 세 가지가 가능하며, 해당 XML 문서의 루트 원소를 명기하여야 한다.
  ```

External DOCTYPE Example

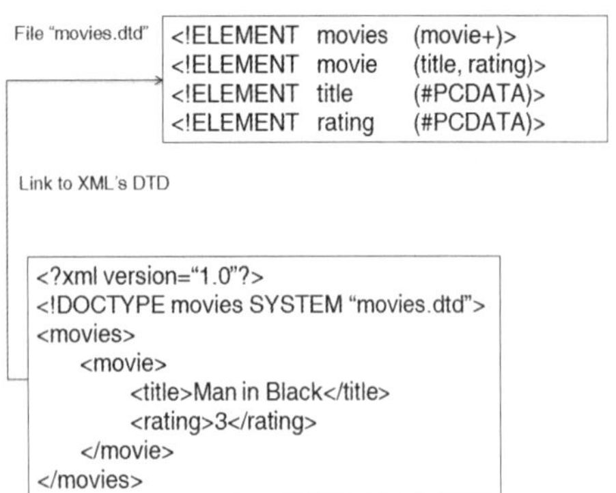

외부 DOCTYPE 선언 예제

외부 DOCTYPE 선언 예제이다.

Internal DOCTYPE Example

- XML document may contain its own DTD.
-
```
<?xml version="1.0"?>
<!DOCTYPE movies [
    <!ELEMENT movies (movie+)>
    <!ELEMENT movie  (title, rating)>
    <!ELEMENT title  (#PCDATA)>
    <!ELEMENT rating (#PCDATA)>
]>
<movies>
    <movie>
        <title>Man in Black</title>
        <rating>3</rating>
    </movie>
</movies>
```

내부 DOCTYPE 예제

내부 DOCTYPE 예제이다.

Internal and External DOCTYPE Example

- Mixing external and internal DTDs
  - Internal DTD overwrites external definitions
  - Not recommended (error prone and confusing)
-

```
<?xml version="1.0"?>
<!DOCTYPE movies SYSTEM "movie.dtd" [
    <!ELEMENT movie (title, rating?)>
]>
<movies>
    <movie>
        <title>Man in Black</title>
    </movie>
</movies>
```

40

내부/외부 DOCTYPE 예제

내부 DOCTYPE 선언과 외부 DOCTYPE 선언을 함께 하는 예제이다. 외부 DOCTYPE 선언보다 내부 DOCTYPE 선언이 우선권이 가진다.

Element Declaration

- The element declarations define the vocabulary and structure of the XML document
- <!ELEMENT name content-model>
  - "name" must be a valid tag name
  - "content-model" defines what content for "name" is valid
- When an application or parser reads an element "name", then its content is checked against the rules defined in its content model
- Three types of content models exist
  - ANY: any well-formed content is allowed
  - EMPTY: no content at all is allowed
  - Regular expressions over tag name, regular operators, and #PCDATA

41

원소 선언

원소 선언에 대한 설명이다. 세 가지 contents model이 존재하며, ANY와 EMPTY외에는 regular expression을 사용한다.

ANY Element Declaration

```
• <?xml version="1.0">
  <!DOCTYPE example [
      <!ELEMENT    example        (description, example-xml)>
      <!ELEMENT    description    (#PCDATA)>
      <!ELEMENT    example-xml    ANY> ]>
  <example>
      <description> Hot movies  </description>
      <example-xml>
          <movies>
              <movie>
                  <title>Man in Black</title>
                  <rating>3</rating>
              </movie>
          </movies>
      </example-xml>
  </example>   <!-- well-formed and valid -->
```

42

EMPTY Element Declaration

```
• <!ELEMENT movies  (movie+)>
  <!ELEMENT movie   (title, rating, available-on-dvd?)>
  <!ELEMENT title   (#PCDATA)>
  <!ELEMENT rating  (#PCDATA)>
  <!ELEMENT available-on-dvd EMPTY>
• <movies>
      <movie>
          <title> Man in Black </title>
          <rating> 3 </rating>
          <available-on-dvd> yes </available-on-dvd>
      </movie>
  </movies> <!-- well-formed, invalid -->
• <movies>
      <movie>
          <title>Man in Black</title>
          <rating>3</rating>
          <available-on-dvd/>
      </movie>
  </movies> <!-- well-formed, valid -->
```

43

ANY 원소 선언

ANY 원소는 적합(well-formed) 형식이면 어떤 내용도 가능하다. 상기 예제에서 example-xml는 any 원소로 선언되었다.

EMPTY 원소 선언

EMPTY 원소 선언과 예제이다.

Element Declaration – Regular Expression (1/3)

Operator	Semantics
Tag-name t	Child element with tag name t
#PCDATA	Any text (parsed character data)
r1, r2	r1 followed by r2
r1 | r2	r1 or alternatively r2
r+	One or more times r
r*	Zero or more times r
r?	Zero or one time r

– Regular expressions should be put in parenthesis

44

원소 선언 - 정규식 (1/3)

상기 그림은 정규식 표기법에 대한 자세한 설명이다.

Element Declaration – Regular Expression (2/3)

```
• <!ELEMENT movies  (movie+)>
  <!ELEMENT movie   (title, rating*, media?)>
  <!ELEMENT title           (#PCDATA)>
  <!ELEMENT rating          (#PCDATA)>
  <!ELEMENT media           (#PCDATA)>
• <movies>
      <movie>
          <title>Man in Black</title>
          <rating>3</rating>
          <rating>5</rating>
      </movie>
  </movies> <!-- well-formed and valid -->
• <movies>
      <movie>
          <title>Man in Black</title>
          <media> DVD </media>
      </movie>
  </movies> <!-- well-formed and valid -->
```

45

원소 선언 - 정규식 (2/3)

정규식을 사용하는 원소 선언 예제이다.

rating 원소는 0번 이상 다수회 출현이 가능하고, media 원소는 0번 또는 1번 출현하여야 한다. 정규식 표기에 대한 자세한 설명은 다음 페이지에 나온다.

Element Declaration – Regular Expression (3/3)

```
• <!ELEMENT  address-book (entry+)>
  <!ELEMENT  entry        (name, address*, comment?)>
  <!ELEMENT  address      (street, location)>
  <!ELEMENT  location     (town | (zip-code, town))>
  .... (PCDATA) ... omitted
• <address-book>
      <entry>
          <name> D.W. Kim </name>
          <comment> do know address </comment>
      </entry>
      <entry>
          <name> S.H. Lee </name>
          <address>
              <street> 511 Sangdo-dong</street>
              <location>
                  <town>Seoul</town>
              </location>
          </address>
      </entry>
  </address-book>  <!-- well-formed and valid -->
```

46

Recursive Regular Expression

```
• <!ELEMENT tree     (node*)>
  <!ELEMENT node     ((node | leaf)*)> <!--Recursion is allowed-->
  <!ELEMENT leaf     (#PCDATA)>
• <tree>
  <node>
      <node>
          <leaf>a</leaf>
          <leaf>b</leaf>
      </node>
      <leaf>c</leaf>
      <node>
          <leaf>d</leaf>
      </node>
  </node>
  <node>
      <leaf>e</leaf>
  </node>
  </tree> <!-- well-formed and valid -->
```

a b c d e

47

원소 선언 – 정규식 (3/3)

상기 예제에서 location 원소는 town 원소 또는 (zip-code, town) 원소가 출현하여야 하는데, 상기 예제는 town 원소가 나온 경우이다.

순환 정규식

순환 정규식 예제이다.

Mixed Contents

- Element contains #PCDATA and a regular expression (mixed contents)
  - #PCDATA must be separated with | from regular expression
  - The mixed content must always be repeated
- <!ELEMENT address-book (entry+)>
  <!ELEMENT entry (name, address*, comments?)>
  <!ELEMENT comments (#PCDATA | b)*>
  <!ELEMENT b (#PCDATA)>
- <address-book>
  <entry>
  <name> Mr. X </name>
  <comments> Address <b>not</b> know</comments>
  </entry>
  </address-book> <!-- well-formed and valid -->

48

혼합 콘텐트

원소를 일반 문자열과 정규식을 혼합하여 선언할 수 있다.

Deterministic Regular Expressions (1/2)

- Regular Expressions must be deterministic
  - Should validate a document by reading one element at time
  - Better performance for XML parsers
- <!ELEMENT book ((title, author) | (title, subtitle))>
- <book>
  <title> XML by Example </title>
  <author> S. Lee </author>
  </book>
  - When reading "title", parser cannot decide whether to choose (title, author) or (title, subtitle)

49

결정적인 정규식 (1/2)

정규식은 결정적으로 작성되어야 하는데, 비결정적인 정규식은 구문 분석 시에 문제가 있기 때문이다.

Deterministic Regular Expressions (2/2)

- Every indeterministic regular expression can be transformed to a deterministic one
  - For an indeterministic regular expression there exists an equivalent indeterministic finite-state-machine (FSM)
  - For an indeterminisitc FSM, there exists a deterministic FSM
  - For the deterministic FSM, there exists an equivalent regular expression
- <!ELEMENT book ((title, author) | (title, subtitle))>
- <!ELEMENT book (title, author | subtitle)>

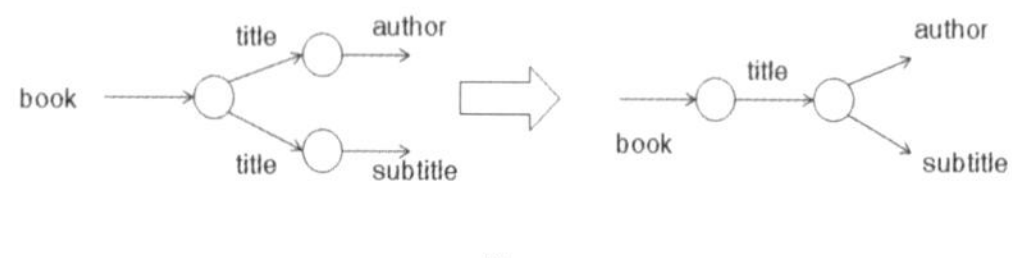

50

결정적인 정규식 (2/2)

비결정적인 정규식은 반드시 동일한 결정적인 정규식이 존재한다는 성질이 있으므로, 이를 이용하여 항상 결정적인 정규식으로 이용하여 DTD를 선언하여야 한다.

Attribute Declaration (1/2)

- Attributes must be declared in DTD, too
  - Keyword ATTLIST
  - Can occur anywhere in the DTD
  - Should be placed directly behind declaration of corresponding element
  - Element can have several attributes
  - No order of attributes
- <!ELEMENT email EMPTY>
<!ATTLIST email href CDATA #REQUIRED
preferred (true|false) "false">
- <email href="mailto:shlee@su.ac.kr" preferred="true"/>
<email href="mailto:shlee@su.ac.kr" />

51

속성 선언 (1/2)

원소는 속성을 가질 수 있으며, 상기 그림은 속성 선언에 관한 설명이다. 원소 선언 이후에 관련 속성을 곧바로 선언하여야 함을 주목하자.

Attribute Declaration (2/2)

- <!ATTLIST element-name att-name$_1$ type$_1$ default$_1$
  ...
  att-name$_n$ type$_n$ default$_n$>
- Attribute name should be unique among the element name
- Default defines whether attribute is mandatory, optional, and/or a default value
- Attributes in list are considered unordered
- Type defines which values are valid for this attribute

Attribute type	Semantics
CDATA	Character data
v_1 | v_2 |...| v_n	Attribute can be one of the given literal values
ID	Value is a document-wide unique identifier
IDREF	Value is a reference to value of an ID attribute

52

Attributes Declaration Example

```
<!ELEMENT movies      (producer+, movie+) >
<!ELEMENT producer    (#PCDATA)>
<!ATTLIST producer    pid      ID       #REQUIRED>
<!ELEMENT movie       (title)>
<!ATTLIST movie  download    CDATA        "www.dl.com"
                 rating      (G|PG-13|R)  #REQUIRED
                 producer    IDREF        #REQUIRED>
 <!ELEMENT title      (#PCDATA)>
```

```
<movies>
<producer pid="123"> Columbia Pictures </producer>
<movie producer="123" rating="PG-13">
    <title> Man in Black </title>
</movie>
<movie producer="123" download="www.mib2.com"
    rating="PG-13">
    <title> Man in Black II </title>
</movie>
</movies>
```

53

속성 선언 (2/2)

속성 선언 설명이다. 속성 이름, 타입, 디폴트가 함께 선언되는데, 타입에 관한 설명은 상기 박스에 설명이 되어 있다. ID, IDREF는 후에 다시 설명한다.

속성 선언 예제

속성 download는 문자열이고 기본 값이 www.dl.com으로 선언되었으나, producer 실제 속성 값으로 www.mib2.com을 지정하여도 된다.

Attribute Default

- <!ATTLIST element-name att-name$_1$ type$_1$ default$_1$
  ...
  att-name$_n$ type$_n$ default$_n$>

Attribute Default	Semantics
#REQUIRED	Attribute is mandatory
#IMPLIED	Attribute is optional with no default
v (a value)	Attribute is optional with default v
#FIXED v	Attribute is optional When given, then value must be v

54

Attribute Default Example

<!ELEMENT an-element EMPTY>
<!ATTLIST an-element an-attribute CDATA #REQUIRED>
<!ATTLIST an-element an-attribute CDATA #IMPLIED>
<!ATTLIST an-element an-attribute (yes | no) "yes">
<!ATTLIST an-element an-attribute #FIXED "yes">

<an-element/>

<an-element an-attribute="yes"/>

<an-element an-attribute="no"/>

<an-element an-attribute="maybe"/>

55

속성 디폴트

속성 디폴트에 대한 설명이다. "REQUIRED" 경우만 반드시 속성이 출현하여야 하며, 다른 경우(즉, #IMPLIED, value, #FIXED)에는 속성이 출현하지 않아도 된다.

속성 디폴트 예제

<an-element/> 원소는 속성이 안 나온 경우이므로, 파란색 속성 선언은 불가능하지만 다른 색 속성 선언 경우는 가능하므로 다른 색 웃는 그림이 표기되어 있다.

<an-element an-attribute='yes'/> 원소는 네 가지색 속성 선언과 모두 부합이 되므로, 네 가지 색 웃는 그림이 표기되어 있다.

<an-element an-attribute='no'/> 원소는 노란색 원소 선언과는 부합되지 않는다. (노란색 속성 선언은 값이 나오면 무조건 "yes" 이어야 하므로)

<an-element an-attribute='maybe'/> 원소는 하늘색과 노란색 속성 선언과는 부합되지 않는다.

ID and IDREF

- An element can have at most one attribute of type ID
- The ID attribute value of each element in an XML document must be distinct
  - Thus the ID attribute value is an object identifier
- An attribute of type IDREF must contain the ID value of an element in the same document
- An attribute of type IDREFS contains a set of (0 or more) ID values. Each ID value must contain the ID value of an element in the same document

56

ID and IDREFS Example

```
<!ELEMENT account (branch, balance)>
<!ATTLIST account account_number ID     #REQUIRED
                  owners         IDREFS #REQUIRED>
<!ELEMENT customer (name, city)>
<!ATTLIST customer customer_id   ID     #REQUIRED
                   accounts      IDREFS #REQUIRED>

... declarations for branch, balance, name, city go here...
```

57

ID 및 IDREF

ID 속성은 원소 속성으로 최대 한번만 나올 수 있다. ID 속성은 원소의 키 역할을 하며, IDREF는 이를 참조하는 역할을 한다.

ID 및 IDREF 예제

은행 XML 문서에 대한 ID와 IDREF 사용법에 대한 예제이다.

ID/IDREFS Example

```
<bank-5>
<account account_number="A-401" owners="C100 C102">
        <branch> Downtown </branch>
        <balance> 500 </balance>
</account>
<account account_number="A-402" owners="C102 C101">
        <branch> Perryridge </branch>
        <balance> 400 </balance>
</account>
<customer customer_id="C100" accounts="A-401">
        <name> Joe </name>
        <city> Madison </city>
</customer>
<customer customer_id="C101" accounts="A-402">
        <name> Lisa </name>
        <city> Murray Hill </city>
</customer>
<customer customer_id="C102" accounts="A-401 A-402">
        <name> Mary </name>
        <city> Newark </city>
</customer>
</bank-5>
```

58

DTD Namespace (1/2)

- DTD do not understand namespaces
  - Namespaces younger than DTDs
  - Attribute xmlns:my, xmlns:yours and prefixes in elements are unknown
- DTD must provide attributes and prefixes

59

ID/IDREFS 예제

account 원소의 account_number 속성은 account 원소의 키 역할을 하며, customer 원소의 accounts 속성은 이를 참조하고 있다. customer 원소의 accounts 속성은 customer가 소유한 account_number를 의미한다. 유사하게 customer_id와 owners 속성도 구성되어 있다.

DTD 이름공간 (1/2)

DTD는 기본적으로 이름공간을 이해하지 못하여 원소의 다른 속성 선언과 동일한 방법으로 선언하여야 한다.

DTD Namespace (2/2)

```
• <!ELEMENT  movies     (movie*)>
  <!ELEMENT  movie      (title, my:rating, yours:rating)>
  <!ATTLIST  movies     xmlns:my   CDATA #IMPLIED
                        xmlns:yours  CDATA #IMPLIED>
  <!ELEMENT    my:rating          (#PCDATA)>
  <!ELEMENT    yours:rating       (#PCDATA)>
• <movies   xmlns:my="http://www.abc.com/movies"
            xmlns:yours="http://www.xyz.com/movies">
      <movie>
            <title>Man in Black</title>
            <my:rating>3</my:rating>
            <yours:rating>Averaqe</yours:rating>
      </movie>
  </movies>
```

60

Limitations of DTD

- No type for text elements and attributes
  - All values are of string (no integers, no reals, etc.)
- IDs and IDREFs are untyped
  - The requirement such that owners attribute should ideally be constrained to refer to customer elements cannot be enforced
- Difficult to specify unordered sets of subelements
  - (A | B)* allows specification of an unordered set, but cannot ensure that each of A and B occurs only once

61

DTD 이름공간 (2/2)

DTD 이름 공간 예제이다. xmlns:my xmlns:your 등을 일반 속성처럼 선언하고 있고, 원소명도 my:rating, your:rating 등으로 함을 알 수 있다.

DTD는 이름공간을 이해하지 못하여 발생하는 불편함이다.

DTD 한계

DTD는 편리하게 사용할 수 있으나, 상기와 같은 단점이 존재한다. 원소와 속성 명에 대한 타입 정의가 불가능하고, ID/IDREF에 대한 타입 선언이 불가능하다.

5.4 XML 스키마

XML Schema

- XML Schema is a more sophisticated schema language which addresses the drawbacks of DTDs
  - A number of built-in types (integer, string, etc)
  - Also, constraints on min/max values
  - User-defined, complex types
  - Many features (uniqueness, foreign key constraints, inheritance, ...)
- XML Schema is specified in XML syntax
  - More-standard representation, but verbose
- XML Scheme supports namespaces
- Extensible type systems allows far reaching automated processing of XML documents
  - Rigor automated checking of document content
  - Automated conversion of XML documents to, for example, Java objects and vice versa

63

XML 스키마

XML 스키마에 대한 설명이다. 데이터 타입을 설정하고 사용자 정의 타입, 복합 타입을 제공하고, 이름 공간을 지원하는 등 DTD보다 향상된 기능을 제공한다. XML 스키마는 XML 언어로 작성한다.

XML Data, DDML, Schematron, DSD, RELAX 등의 XML 관련 스키마 언어는 다수가 난립하게 되면서 이들 간의 상호운영성이 문제가 되었다. W3C에서 2001.5에 XML Schema 확정권고안을 완성하였으며, 2004.10에 XML Schema Second Edition을 발표하였다.

Hello World Example

- XML schema starts with “xsd:schema” tag
  - Namespace xsd used
- Elements declared with “xsd:element” element
  - Use attributes for name and type of the element's content
- <?xml version="1.0"?> <!-- XML Schema -->
  <xsd:schema
  xmlns:xsd="http://www.w3.org/2001/XMLSchema">
  <xsd:element name="hello-world" type="xsd:string"/>
  </xsd:schema>
- <!ELEMENT hello-world (#PCDATA)> <!-- DTD -->

64

Hello World 예제

XML 스키마에 대한 아주 간단한 예제이다. XML 스키마가 XML 언어로 작성됨을 주목하자.

관습적으로 스키마 문서는 xsd(XML schema definition language) 확장자를 사용한다.

XML Schema Example (1/2)

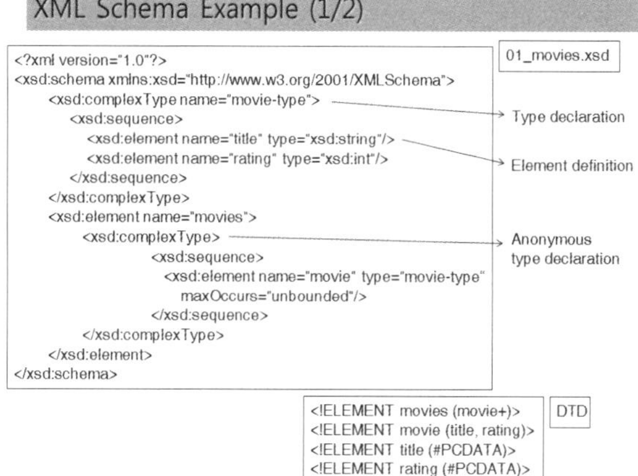

XML Schema Example (2/2)

```
• <?xml version="1.0"?>
  <movies    xmlns:xsi="http://www.w3.org/2001/XMLSchema-
  instance"  xsi:noNamespaceSchemaLocation="01_movies.xsd">
      <movie>
          <title>Die Hard</title>
          <rating>1</rating>
      </movie>
  </movies> <!-- valid -->

• <?xml version="1.0"?>
  <movies    xmlns:xsi="http://www.w3.org/2001/XMLSchema-
  instance"  xsi:noNamespaceSchemaLocation="01_movies.xsd">
      <movie>
          <title>Die Hard</title>
          <rating>Good</rating>
      </movie>
  </movies> <!-- invalid ("Good" is not of type "int") -->
```

66

XML 스키마 예제 (1/2)

XML 스키마 예제이다. ComplexType으로 movie-type을 정의한 후 이를 movie 원소를 정의할 때 사용한다. movies 원소는 complexType으로 정의(단 이름이 없는 anonymous complexType이지만)를 하여야 하는데, 그 이유는 sequence 형식이기 때문이다.

movie 원소를 정의할 때 maxOccurs 설정을 하고 있다.

XML 스키마 예제 (2/2)

앞에서 설정한 XML 스키마로 작성한 XML 문서예제이다.

The "noNamespaceSchemaLocation" attribute references an XML Schema document that does not have a target namespace.

형식 : <xsi:noNamespaceSchemaLocation="anyURI" >

anyURI : The location of a schema that contains unqualified (a schema without a namespace) schema constructs.

An XML Schema is not required to have a namespace. To specify the location for an XML Schema that does not have a target namespace, use the noNamespaceSchemaLocation attribute.

According to the World Wide Web Consortium (W3C) XML Schema Recommendation, XML instance documents can have both xsi:schemaLocation and xsi:noNamespaceSchemaLocation attributes specified.

XML Schema Type

- Each element has a type for its content
- Atomic types
  - Built-in types: integer, Boolean, date, float, etc.
  - Can be used directly with declaration of elements
- Simple types
  - Derived from atomic types
  - Can be restricted to values (such as enumeration, string length, or regular expressions, etc.)
- Complex types
  - Built from atomic types or simple types
  - Contain elements and attributes
  - sequence/all/choice/...

67

Atomic Type

Type name	Semantics
anyType, anyURI	Any simple/complex type, any URI
string	Character string
normalizedString	String without carriage return, line feed, or tabs
long, int, short, byte unsignedLong, ...	64, 32, 16, 8 bit integer (like in Java) non-negative long, ...
decimal, float, double	Arbitrary precision, IEEE-32, 64 Bit floating point
boolean	true, false
dateTime date time	ISO coded date and time: 1971-11-08T10:00:00 Format: YYYY-DD-MM Format: HH:MM:SS
ID, IDREF, ENTITY	As defined in by DTD

68

XML 스키마 타입

타입에 대한 설명으로, XML 스키마에는 원자타입(atomic type), 단순타입(simple type), 복합타입(complex type)을 지원한다.

원자 타입

원자 타입은 시스템에서 미리 정의된(built-in) 타입으로, XML Schema는 약 40여 개 이상의 타입을 원자타입으로 지원한다. 원자 타입은 단순타입(simple type)과 마찬가지로 더 이상 나누어질 수 없는 타입이다.

원자타입은 primitive type(예를 들면, string, boolean, decimal, time, date, anyURI, etc.)과 derived type(예를 들면, ID, IDREF, ENTITY, NMTOKEN, normalizedString, integer, long, byte, etc.)으로 구분이 가능하다.

Entities reference data that act as an abbreviation or can be found at an external location. Entities help to reduce the entry of repetitive information and also allow for easier editing (by reducing the number of occurrences of data to edit). There are two types of entity declarations: GENERAL entity declarations, and PARAMETER entity declarations.

Atomic Type Example

```
<xsd:schema xmlns:xsd="http://www.w3.org/2001/XMLSchema">
    <xsd:complexType name="person-type">
      <xsd:sequence>
            <xsd:element name="name"  type="xsd:normalizedString"/>
            <xsd:element name="birthDate"  type="xsd:date"/>
            <xsd:element name="salary"  type="xsd:decimal"/>
            <xsd:element name="comment"  type="xsd:string"/>
            <xsd:element name="male"  type="xsd:boolean"/>
      </xsd:sequence>
    </xsd:complexType>
    <xsd:element name="person" type="person-type"/>
</xsd:schema>
```

XML Schema "person.xsd"

```
<person xmlns:xsi="http://www.w3.org/2001/XMLSchema-instance"
          xsi:noNamespaceSchemaLocation="person.xsd">
      <name>Mr. X</name>
      <birthDate>1958-06-13</birthDate>
      <salary>2500.00</salary>
      <comment>This person does not really exist </comment>
      <male>true</male>
</person>
```

69

Simple Type (1/2)

- Simple types are declared standalone
- (optional) restriction tag for restriction values
  - attribute "base" for defining the base type
  - multiple enumeration elements for defining all possible values of the new type
- <xsd:simpleType name="country-code">

```
<xsd:simpleType name="country-code">
      <xsd:restriction base="xsd:string">
            <xsd:enumeration value="KO"/>
            <xsd:enumeration value="CH"/>
            <xsd:enumeration value="EN"/>
      </xsd:restriction>
</xsd:simpleType>
<xsd:element name="country" type="country-code"/>
<!-- country-code can be used as a new type -->
```

70

원자 타입 예제

원자 타입은 원소 정의 시에 직접 사용할 수 있다.

상기 그림에서 name, birthDate, salary, comment, male 원소는 원자타입을 이용하여 선언되어 있다.

person 원소는 원자타입 원소를 sequence로 가지고 있는 복합타입 person-type을 이용하여 선언되어 있다.

단순 타입 (1/2)

단순 타입은 홀로 선언이 되어야 한다.

단순 타입에서는 값을 제한(restriction)하는 태그를 설정할 수 있으며, 상기 예제에서 country-code 단순 타입은 스트링 타입이지만 'KO' 'CH' 'EN' 값만을 가진다.

Simple Type (2/2)

- Restrictions in XML Schema are called "facets"
- Most common facets for string types

<table>
<tr><th>Tag name</th><th>Semantics</th></tr>
<tr><td>enumeration</td><td>Limits the set of values to those in the enumerations</td></tr>
<tr><td>length
minLength
maxLength</td><td>Forces a string to the given length
Sets the minimal length of a string
Sets the maximum length of a string</td></tr>
<tr><td>pattern</td><td>Limits the values of a string to a regular expression
r* zero or more times r
r+ one or more times r
r? zero or one times r
[a-z] all character from "a" to "z"
r1 | r2 either r1 or r2
r{n,m} n-up-to-m times r
^r all characters except r (concatenation of chars)</td></tr>
</table>

71

Simple Type Example 1

-
```
<xsd:element name="customer-identification">
    <xsd:simpleType>
        <xsd:restriction base="xsd:string">
            <xsd:length value="8"/>
        </xsd:restriction>
    </xsd:simpleType>
</xsd:element>
```
-
```
<customer-identification>
    no-12345
</customer-identification> <!-- valid -->
```
-
```
<customer-identification>
    too-many-characters
</customer-identification>
 <!-- invalid (more than 8 characters) -->
```

72

단순 타입 (2/2)

XML 스키마에서 제약을 타입특성(facet)이라고 한다. 상기 그림은 스트링 타입에 대한 타입특성을 보여준다.

스트링 타입의 경우에는 정규식 표현이 가능하다.

단순 타입 예제 1

단순 타입에 대한 예제이다. 스트링 타입으로 길이가 8로 제한하는 이름이 없는(anonymous) 단순 타입이다.

Simple Type Example 2

- <simpleType name="myInteger">
  <restriction base="integer">
  <mininclusive value="100"/>
  <maxinclusive value="199"/>
  </restriction>
  </simpleType>
- <simpleType name="myList">
  <list itemType="string"/>
  </simpleType>

73

단순 타입 예제 2

myInteger는 100-199사이의 값(경계값 포함)을 가지는 정수 타입이다.

myList은 스트링 값을 가지는 리스트 타입이다. 예를 들면, myList는 "yes" "no" "maybe" 값을 가지는 리스트를 가질 수 있다.

Complex Type

- Complex types can be sequences of elements, attributes, simple or complex content
- Control of repetitiveness with minOccurs/maxOccurs

MinOccurs	MaxOccurs	Semantics	DTD equivalent
1	1	Element must occur exactly once (default)	(element)
0	1	Zero or once	(element?)
0	unbounded	Zero or more	(element*)
1	unbounded	Once or more	(element+)
2	4	Two to four times	Not applicable

74

복합 타입

단순 타입은 기본 타입을 타입특성(facet)으로 제한하거나 혹은 리스트(list)와 유니온(union) 타입을 생성할 수 있지만, 타입을 확장하거나 속성을 추가함으로써 새로운 타입을 유도하지는 못한다. 또한 다른 원소를 포함하지도 못한다.

복합 타입은 원소포함, 속성 추가, 다양한 원소 내용 모델 지원 등으로 효율적인 사용자 정의 타입을 생성할 수 있게 해 준다.

상기 그림은 출현 횟수를 지정하는 방법을 설명한다.

Complex Type Example

```
• <!ELEMENT  address-book  (entry+)>
  <!ELEMENT  entry  (name, address*, comment?)>
  <!ELEMENT  address  (street, location)>
• <xsd:compleType name="address-type">
  <xsd:sequence>
        <xsd:element name="street" type="xsd:string" />
        <xsd:element name="location" type="xsd:string"/>
   </xsd:sequence>  </xsd:complexType>
• <xsd:complexType name="entry-type">
  <xsd:sequence>
        <xsd:element name="name" type="xsd:string" minOccurs="1"
  maxOccurs="1" />
        <xsd:element name="address" type="xsd:address-type" minOccurs="0"
  maxOccurs="unbound"/>
        <xsd:element name="comment" type="xsd:string" minOccurs="0"/>
  </xsd:sequence> </xsd:complexType>
• <xsd:element name="address-book">
  <xsd:complexType> <xsd:sequence>
        <xsd:element name="entry" type="xsd:entry-type" minOccurs="1"
  maxOccurs="unbounded" />
  </xsd:sequence> </xsd:complexType> </xsd:element>
```

75

Complex types can be anonymous!

```
• <xsd:element name="entry" maxOccurs="unbounded">
  <xsd:complexType>
     <xsd:sequence>
       <xsd:element name="name" type="xsd:string"/>
       <xsd:element name="address"  minOccurs="0"
                                    maxOccurs="unbound">
           <xsd:complexType>
               <xsd:sequence>
                 <xsd:element name="street" type="xsd:string"/>
                 <xsd:element name="location" type="xsd:string"/>
               </xsd:sequence>
           </xsd:complexType>
       </xsd:element>
       <xsd:element name="comment" type="xsd:string"
                                    minOccurs="0" />
     </xsd:sequence>
  </xsd:complexType>
  </xsd:element>
```

76

복합 타입 예제

상기 DTD에 대응이 되는 XML 스키마로서 복합 타입을 사용하여 선언하고 있다.

address-type 복합 타입을 이용하여 entry-type 복합 타입을 정의하고 있으며, minOccurs 및 maxOccurs 값을 사용하여 의도하는 의미를 구현하였다.

복합 타입은 이름을 가지지 않을 수 있다.

앞서 본 예제에서 복합 타입에 이름을 명명하지 않고 선언한 XML 스키마이다.

상기 예제에서는 두 개의 복합타입을 이름 없이 사용하였다. 해당 원소 선언시에만 복합타입을 사용하는 경우(후에 다시 사용하지 않으므로), 이름 없는 복합타입을 사용할 수 있다.

Complex Type: sequence, all, choice

- xsd:sequence
  - Declared elements are ordered in sequence
- xsd:all
  - Declared elements are unordered
  - Must be topmost in a content-model and constituents must be elements
- xsd:choice
  - One of the declared elements has to be chosen

77

복합 타입: sequence, all, choice

All 타입에는 몇 가지 제약이 있다. 포함된 원소는 각 2회 이상 나타날 수 없다. (즉, 원소의 maxOccurs 값이 반드시 1이어야 한다) All 원소는 상위 원소의 유일한 자식 원소이어야 한다. 또한 All 원소는 임의 원소의 바로 밑에 존재하는 서브 원소로서 다른 원소와 동시에 나타날 수 없다.

"all" Example 1

```
• <xsd:element name="address">
  <xsd:complexType>
      <xsd:all>
          <xsd:element name="street" type="xsd:string"/>
          <xsd:element name="location" type="xsd:string"/>
      </xsd:all>
  </xsd:complexType>
  </xsd:element>
• <address>
      <street> 511 Sangdo-dong </street>
      <location> Seoul </location>
  </address>
• <address>
      <location> Seoul </location>
      <street> 511 Sangdo-dong</street>
  </address>  <!-- both are valid -->
```

78

all 예제 1

all에 대한 간단한 예제이다.

"all" Example 2

```
<element name="phoneNum">
<complexType>
<all>
    <element name="home" type="string"
                              minOccurs="0">
    <element name="mobile" type="string">
</all> </complexType> </element>
```

```
<phoneNum> <home> 02-123-4567 </home>
           <mobile> 010-1234-5678 </mobile>
</phoneNum>
```

```
<phoneNum> <mobile> 012-1234-5678 </mobile>
</phoneNum>
```

79

all 예제 2

두 가지 문서 모두가 적합하다. 두 번째 예제에서 home 원소는 minOccurs가 0이므로 반드시 나타나지 않아도 된다.

"choice" Example

```
<xsd:element name="address">
<xsd:complexType>
    <xsd:choice>
      <xsd:element name="street" type="xsd:string"/>
      <xsd:element name="location" type="xsd:string"/>
    </xsd:choice>
</xsd:complexType>
</xsd:element>
```

```
<address> <street> 1 Sangdo-dong </street> </address>
```

```
<address> <location> Seoul </location> </address>
```

```
<address>
    <street> 1 Sangdo-dong </street>
    <location> Seoul </location>
</address> <!– invalid -->
```

80

choice 예제 1

choice에 대한 간단한 예제이다.

Extending Types

- Types (atomic, simple, complex) can be extended to new types
- Additional "complexContent/simpleContent" element necessary

```
<xsd:complexType name="address-type">
    <xsd:all>
        <xsd:element name="street" type="xsd:string"/>
        <xsd:element name="location" type="xsd:string"/>
    </xsd:all>
</xsd:complexType>
<xsd:element name="address" type="address-type"/>
```

```
<address>
    <location>...</location>
    <street>...</street>
</address>
```

```
<xsd:complexType name="address-full">
    <xsd:complexContent>
        <xsd:extension base="address-type">
            <xsd:all>
                <xsd:element name="house-number"
                             type="xsd:string"/>
                <xsd:element name="zip-code"
                             type="xsd:string"/>
            </xsd:all>
        </xsd:extension>
    </xsd:complexContent>
</xsd:complexType>
<xsd:element name="myAddress" type="address-full"/>
```

```
<myAddress>
    <zip-code>...</zip-code>
    <location>...</location>
    <street>...</street>
    <house-number> ... </house-number>
</myAddress>
```

Attribute Declaration

- Attributes are specified by "xsd:attribute" tag within the type definition.
  - <xsd:attribute name = "account_number"/>

Attribute	Optional	Semantics
name="attributeName"	no	Name of the attribute unique among the type/element
type="attributeType"	no	a simple type
use="optional" use="required" use="default" value="v" use="fixed" value="v"	yes	zero or once exactly once zero or once, with given default value exactly once, with given fixed value

타입 확장

기존 타입을 활용하여 새로운 타입을 정의할 수 있다. 기존 타입인 복합 타입 address-type을 활용하여 새로운 타입으로 복합타입 address-full을 정의하는 예제이다.

속성 선언

속성 선언은 타입 선언 내에서 이루어져야 한다. 속성의 타입은 simple type을 가질 수 있다.

use 속성값이 optional 또는 required인 경우에는 value 속성을 가질 수 없으나, use 속성값이 default 또는 fixed인 경우에는 value 속성을 가진다.

Attribute Examples

```
• <attribute name="id" type="xsd:ID" use="required"/>
• <attribute name="age" type="xsd:string" use="optional"/>
• <attribute name="language" type="xsd:string" use="default"
  value="ko"/>
• <xsd:complexType name="address-type">
      <xsd:all>
          <xsd:element name="street" type="xsd:string"/>
          <xsd:element name="location" type="xsd:string"/>
      </xsd:all>
      <xsd:attribute name="preferred" type="xsd:boolean"
              use="default" value="false"/>
  </xsd:complexType>
• <address preferred="true">
      <location>...</location>
      <street>...</street>
  </address>
```

83

속성 예제

간단한 속성 예제이다. id 속성은 ID 타입을 가지며 반드시 존재하여야 한다.

Bank XML Schema

```
• <xs:schema xmlns:xs=http://www.w3.org/2001/XMLSchema>
  <xs:element name="account"> <xs:complexType> <xs:sequence>
        <xs:element name="account_number"        type="xs:string"/>
        <xs:element name="branch_name"           type="xs:string"/>
        <xs:element name="balance"               type="xs:decimal"/>
  </xs:sequence> </xs:complexType> </xs:element>

  <xs:element name="customer"> <xs:complexType> <xs:sequence>
        <xs:element name="customer_name"         type="xs:string"/>
        <xs:element name="customer_city"         type="xs:string"/>
  </xs:sequence> </xs:complexType> </xs:element>

  <xs:element name="depositor"> <xs:complexType> <xs:sequence>
        <xs:element name="customer_name"         type="xs:string"/>
        <xs:element name="account_number"        type="xs:string"/>
  </xs:sequence> </xs:complexType> </xs:element>

  <xs:complexType name="BankType"> <xs:squence>
        <xs:element ref="account"   minOccurs="0" maxOccurs="unbounded"/>
        <xs:element ref="customer" minOccurs="0" maxOccurs="unbounded"/>
        <xs:element ref="depositor" minOccurs="0" maxOccurs="unbounded"/>
  </xs:sequence> </xs:complexType>
  <xs:element name="bank" type="BankType"/>
  </xs:schema>
```

84

은행 XML 스키마

상기 그림은 은행 XML 스키마 선언 예제이다.

- Choice of "xs:" was ours (any other namespace prefix could be chosen).
- Element "bank" has type "BankType", which is defined separately.
- Element "account" has its type defined in-line.

Primary Key and Foreign Key

- Key constraint
  - <xs:key name="accountKey">
<xs:selector xpath="/bank/account"/>
<xs:field xpath="account_number"/>
</xs:key>
  - "account_number" forms a key for account elements under the root bank element.
- Foreign key constraint from depositor to account
  - <xs:keyref name="depositorAccountKey" refer="accountKey">
<xs:selector xpath="/bank/depositor"/>
<xs:field xpath="account_number"/>
</xs:keyref>

85

주키 및 외래키

관계형 데이터베이스 시스템에 지원하는 주키. 외래키 선언이 XML 문서에서도 가능하다.

주키를 선언하기 위해서는 해당 값이 유일함이 적용되는 범위를 selector 원소에서 지정하여야 하며, 주키로 선언하려는 원소명 또는 속성명을 field 원소에서 선언하여야 한다.

외래키 선언 시에는 참조하려는 주키를 명시하여야 하고 (refer 사용), 외래키가 적용되는 범위를 명시하고 (selector 사용), 외래키로 선언되는 원소명 또는 속성 명을 명시하여야 한다 (field 사용).

Chapter 06

XML에 대한 데이터베이스 접근

Subtopics

- XPath
- XQuery
- Application Program Interfaces to XML
- Storage of XML Data
- SQL/XML

2

구성 요소

본 장에서는 XML에 대하여 살펴본다. 1990년대 W3C는 웹 서비스에서 사용할 문서를 위한 새로운 마크업 언어로서 XML를 개발하였다. 본 장의 세부 목차는 상기 슬라이드와 같다.

6.1 XPath

Querying and Transforming XML Data

- The below can be handled by the same tools
  - Transformation of one XML document to another
  - Querying on XML data
- Standard XML querying/transformation languages
  - XPath
    - Simple language consisting of path expressions
  - XQuery
    - An XML query language with a rich set of features
  - XSLT
    - Simple language designed for translation from XML to XML and XML to HTML
- Query and transformation languages are based on a tree model of XML data

4

XML 데이터 질의 및 변환

XML 데이터에 대한 질의 및 변환은 밀접한 관계가 있으므로 동일한 도구를 이용하여 처리된다.

XML 데이터에 대한 질의어로서 세 가지(즉, XPath, XQuery, XSLT)가 존재한다.

Tree Model of XML Data (1/2)

- An XML document is modeled as a tree, with nodes corresponding to elements and attributes.
  - Element nodes have child nodes, which can be attributes or subelements.
  - Text in an element is modeled as a text node, a child of the element.
  - Children of a node are ordered according to their order in the XML document.
  - Element and attribute nodes (except for the root node) have a single parent, which is an element node.
  - The root node has a single child, which is the root element of the document.

6

Tree Model of XML Data (2/2)

- XML documents can be viewed as tree with different types of nodes (7 types)
  - Root node
  - Element node
  - Attribute node
  - Text node
  - Namespace node
  - Comment node
  - Processing Instruction node

6

XML 데이터 트리 모델 (1/2)

XML 트리 모델은 XPath에서 사용하고 있으며, XML 데이터는 상기와 같은 방법으로 트리 형태로 표현이 가능하다.

루트 노드는 루트 원소를 자식으로 가진다. 루트 노드는 그 외에도 처리명령 노드, 주석 노드 등을 자식노드 처럼 가질 수 있다. (다만, 루트 노드는 처리명령 노드나 주석 노드를 자식 노드로 인정하지 않는다).

XML 데이터 트리 모델 (2/2)

XML 문서는 7개 노드 타입으로 구성되어 있으며, 이를 트리 형식으로 표현할 수 있다.

Tree Model Example

- <?xml-stylesheet type="text/xsl"?> <!-- comments --> <amount vendor="314" xmlns="urn:wyeast-net:invoice"> 8989.00 </amount>

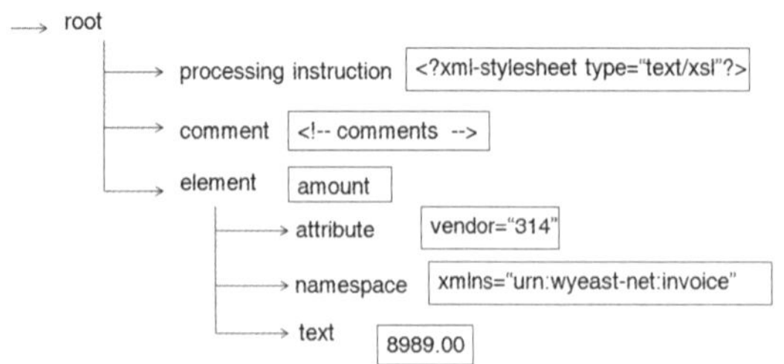

XPath at a Glance

- XPath is used to select parts of documents using path expressions
  - A path expression is a sequence of steps separated by "/"
- Result of path expression: set of values that match the specified path along with their containing elements/attributes

트리 모델 예제

상기 그림은 트리 모델 예제이다.

한눈에 보는 XPath

XPath에 대한 기본적인 설명이다. XPath는 질의표현(path expression)을 이용하여 질의문을 작성한다.

XPath 1.0은 1999년도 표준안으로 채택되었으며, 본 책에서는 XPath 1.0을 기준으로 설명한다

XPath의 최신 버전은 XPath 2.0(2007)이며, 참고적으로 XPath 2.0은 XQuery 1.0(2007)와 XSLT 2.0의 공통된 부분이기도 하다. XPath 2.0은 XQuery 1.0의 일부분이다. XPath 2.0은 XPath 자체의 요구사항 뿐만 아니라 XML 질의어의 많은 부분을 포함하고 있다.

bank-2 Sample

```
<bank-2>
  <account aNumber="A-401" owners="C100 C102">
      <bName>       Downtown      </bName>
      <balance>     500           </balance> </account>
  <account aNumber="A-402" owners="C102">
      <bName>       Jongro </bName>
      <balance>     400     </balance> </account>
  <loan lNumber="B-401"  borrowers="C103">
      <bName>       Jongro </bName>
      <amount>      300     </amount> </loan>
  <customer cID="C100"  accounts="A-401">
      <cName>       Lee     </cName>
      <cCity>       Seoul   </cCity> </customer>
  <customer cID="C102"  accounts="A-401 A-402">
      <cName>       Kim     </cName>
      <cCity>       Busan   </cCity> </customer>
  <customer cID="C103"  loans="B-401">
      <cName>       Park          </cName>
      <cCity>       Incheon       </cCity> </customer>
</bank-2>
```

9

bank-2 샘플

XPath 질의 예제에 사용되는 XML 문서이다.

XPath Example

- /bank-2/customer/cName
  - <cName> Lee </cName>
    <cName> Kim </cName>
    <cName> Park </cName>
- /bank-2/customer/cName/text( )
  - Returns the same customer names without the enclosing tags
  - Lee, Kim, Park

10

XPath 예제

/bank-2/customer/cName은 해당 경로에 존재하는 cName 원소(시작태그 및 마침태그를 포함)를 반환한다. 태그 없이 문자열만 검색하는 경우에는 text() 함수를 사용하여야 한다.

XPath (1/4)

- The initial "/" denotes root of the document.
- Path expressions are evaluated left to right.
  - Each step operates on the set of instances produced by the previous step.
- Selection predicates may follow any step in a path, in [ ].
  - /bank-2/account[balance > 400]
    - returns account elements with a balance value greater than 400
  - /bank-2/account[balance]
    - returns account elements containing a balance subelement
- Attributes are accessed using "@"
  - /bank-2/account[balance > 400]/@aNumber
    - returns the account numbers of accounts with balance > 400
  - IDREF attributes are not dereferenced automatically.

11

XPath (2/4)

- XPath provides several functions.
  - The function "count()" at the end of a path counts the number of elements in the set generated by the path
  - /bank-2/account[count(./bName) > 2]
    - returns account elements with > 2 branches
  - Function for testing position (1, 2, ..) of node w.r.t. siblings
- Boolean connectives "and" and "or" and function "not()" can be used in predicates
- IDREFs can be referenced using function "id()"
  - "id()" can also be applied to sets of references such as IDREFS or to strings containing multiple references separated by blanks
  - /bank-2/account/id(@owners)
    - returns all customer elements referred from the owners attribute of account elements.

12

XPath (1/4)

/bank-2/account[balance > 400]는 답은 다음과 같다.

<account aNumber="A-401" owners="C100 C102">
<bName> Downtown </bName>
<balance> 500 </balance>
</account>

/bank-2/account[balance]는 아래가 답이다.

<account aNumber="A-401" owners="C100 C102">
<bName> Downtown </bName>
<balance> 500 </balance>
</account>
<account aNumber="A-402" owners="C102">
<bName> Jongro </bName>
<balance> 400 </balance>
</account>

/bank-2/account[balance >400]/@aNumber의 답은 A-401이다.

XPath (2/4)

/bank-2/account/[count(./bName) > 2] 질의는 account 원소 중에서 개수가 2개보다 많은 bName 서브원소를 가진 account 원소를 반환한다. 상기 bank-2 문서에서는 해당되는 account 원소가 없다.

/bank-2/account/id(@owners) 답은 다음과 같다.

<customer cID="C100" accounts="A-401">
<cName> Lee </cName>
<cCity> Seoul </cCity>
</customer>
<customer cID="C102" accounts="A-401 A-402">
<cName> Kim </cName>
<cCity> Busan </cCity>
</customer>

w.r.t. : with respect to 의 약어이다.

XPath (3/4)

- Operator "|" used to implement union
  - /bank-2/account/id(@owners) | /bank-2/loan/id(@borrowers)
    - Gives customers with either accounts or loans
    - However, "|" cannot be nested inside other operators
- "//" can be used to skip multiple levels of nodes
  - /bank-2//cName
    - finds any cName elements anywhere under the /bank-2 element, regardless of the element in which it is contained.
- A step in the path can go to parents, siblings, ancestors and descendants of the nodes generated by the previous step, not just to the children
  - "//" is a short form for specifying "all descendants"
  - ".." specifies the parent
- doc(name) returns the root of a named document

13

XPath (4/4)

Location step	Description
/	The root node
element-name	The name of an element
text()	element's text
comment()	a comment
@attribute-name	The name of an attribute
node()	any node
* @*	any element name any attribute name

14

XPath (3/4)

doc(name)는 명기된 XML 문서의 root 원소명을 반환한다. 여기서 name은 화일명 또는 URL이 가능하다. 예를 들면,

doc("myXMLDocument.xml")/account

는 myXMLDocument.xml 화일에 있는 모든 account 원소를 반환한다.

XPath (4/4)

XPath에서 사용되는 기호에 대한 설명이다.

XPath Example

- <movies>
  <movie>
  <title>Man In Black</title>
  <rating>3</rating>
  </movie>
  <movie>
  <title lang="en">Batman</title>
  <title lang="ko">Bateman</title>
  <rating>2</rating>
  </movie>
  </movies>
- Result of an XPath expression
  - /movies/movie: the set of all movie elements
  - /movies/movie/rating: the set of all rating elements
    - <rating>3</rating>
      <rating>2</rating>
  - /movies/movie/title/@lang: the set of all language attribute names
    - en, ko

16

XPath 예제

XPath에 대한 다른 예제이다.

4.2 XQuery

XQuery

- XQuery is a general purpose query language for XML data.
- XQuery uses a FLWOR syntax:
  "for ... let ... where ... order by ... return ..."
  - for ⇔ SQL from
    let allows temporary variables, and has no equivalent in SQL
    where ⇔ SQL where
    order by ⇔ SQL order by
    return ⇔ SQL select
  - Need not contain all clauses (contains just "for" and "return")
  - "for" clause uses XPath expressions, and variable in "for" clause ranges over values in the set returned by XPath

17

XQuery

XQuery는 W3C에 의하여 표준화가 된 언어이다. W3C에 의하여 XQuery 1.0은 2007년에 발표되었다.

XQuery는 FLWOR(flower로 발음됨) 형식을 가진다. XQuery는 함수 언어의 특징을 가지고 있어 여러 개 식이 중첩되어 사용될 수 있다. 또한 XQuery는 강한 타입 언어(strong typed language)이어서 피연산자는 이미 정해져 있는 타입을 가져야 한다. XQuery는 XML과 마찬가지로 대소문자를 구분하지만, XQuery의 키워드는 모두 소문자를 사용한다.

bank Sample

```
• <bank> <account>     <aNumber> A-401 </aNumber>
                       <bName> Downtown </bName>
                       <balance> 500 </balance>        </account>
         <account>     <aNumber> A-402 </aNumber>
                       <bName> Jongro </bName>
                       <balance> 400 </balance>        </account>
         <account>     <aNumber> A-404 </aNumber>
                       <bName> Kangnam </bName>
                       <balance> 900 </balance>        </account>
  <customer>   <cName>      Lee     </cName>
               <cStreet>    Sangdo  </cStreet>
               <cCity>      Seoul   </cCity>           </customer>
  <customer>   <cName>      Kim     </cName>
               <cStreet>    Seo     </cStreet>
               <cCity>      Pusan   </cCity>           </customer>
  <depositor>  <aNumber>    A-401   </aNumber>
               <cName>      Lee     </cName>           </depositor>
  <depositor>  <aNnumber>   A-402   </aNumber>
               <cName>      Kim     </cName>           </depositor>
  <depositor>  <aNumber>    A-404   </aNumber>
               <cName>      Lee     </cName>           </depositor>
  </bank>
```

18

은행 예제

bank-1 Sample

```
• <bank-1>
  <customer>        <cName> Lee </cName>
                    <cStreet> Sangdo </cStreet>
                    <cCity> Seoul </cCity>
       <account>    <aNumber> A-401 </aNumber>
                    <bName> Downtown </bName>
                    <balance> 500 </balance> </account>
       <account>    <aNumber> A-404 </aNumber>
                    <bName> Kangnam </bName>
                    <balance> 900 </balance> </account>
  </customer>
  <customer>        <cName> Kim </cName>
                    <cStreet> Seo </cStreet>
                    <cCity> Pusan </cCity>
       <account>    <aNumber> A-402 </aNumber>
                    <bName> Jongro </bName>
                    <balance> 400 </balance>  </account>
  </customer> </bank-1>
```

19

bank-1 샘플

XQuery

- Find all account numbers with balance > 400, with each result enclosed in an <acc_num> .. </acc_num> tag
  - ```
    for $x in /bank/account
    let $acctno := $x/@aNumber
    where $x/balance > 400
    return <acc_num> { $acctno } </acc_num>
    ```
  - Items in the return clause are XML text unless enclosed in {}, in which case they are evaluated.
  - "let" clause is not really needed here. Can be stated below:
    - ```
      for $x in /bank/account[balance>400]
      return <acc_num> {$x/@aNumber} </acc_num>
      ```

20

XQuery

XQuery에 대한 간단한 예제이다. bank-2 문서는 이전 슬라이드에 나와 있다.

```
for $x in /bank-2/account[balance>400]
return <acc_num> {$x/@aNumber} </acc_num>
```
에서,

$x는 balance가 400보다 큰 account 원소를 가지는 변수이며, 해당 원소의 aNumber 속성값을 <acc_num> 태그와 함께 반환한다.

XQuery Joins

- Joins are specified in a manner very similar to SQL.
- ```
  for $a in /bank/account,
      $c in /bank/customer,
      $d in /bank/depositor
  where $a/aNumber = $d/aNumber
        and $c/cName = $d/cName
  return <cust_acct> { $c $a } </cust_acct>
  ```
- The same query can be expressed with the selections specified as XPath selections:
- ```
  for $a in /bank/account,
      $c in /bank/customer,
      $d in /bank/depositor[aNumber=$a/aNumber and
  cName=$c/cName]
  return <cust_acct> { $c $a } </cust_acct>
  ```

21

XQuery 조인

상기 질의 결과는 다음과 같다.

<cust_acct>	<customer>	<cName>	Lee	</cName>
		<cStreet>	Sangdo	</cStreet>
		<cCity>	Seoul	</cCity>
	</customer>			
	<account>	<aNumber>	A-401	</aNumber>
		<bName>	Downtown	</bName>
		<balance>	500	</balance>
	</account>	</cust_acct>		
<cust_acct>	<customer>	<cName>	Lee	</cName>
		<cStreet>	Sangdo	</cStreet>
		<cCity>	Seoul	</cCity>
	</customer>			
	<account>	<aNumber>	A-404	</aNumber>
		<bName>	Kangnam	</bName>
		<balance>	900	</balance>
	</account>	</cust_acct>		
<cust_acct>	<customer>	<cName>	Kim	</cName>
		<cStreet>	Seo	</cStreet>
		<cCity>	Pusan	</cCity>
	</customer>			
	<account>	<aNumber>	A-402	</aNumber>
		<bName>	Jongro	</bName>
		<balance>	400	</balance>
	</account>	</cust_acct>		

Nested Queries

- The following query converts "bank" into "bank-1".
  - ```
    <bank-1> {
      for $c in /bank/customer
      return
        <customer>
          { $c/* }
          { for $d in /bank/depositor[cName= $c/cName],
                $a in /bank/account[aNumber=$d/aNumber]
            return $a }
        </customer>
    }
    </bank-1>
    ```
  - $c/* denotes all the children of the node to which $c is bound, without the enclosing top-level tag
  - $c/text() gives the text content of an element without tags.

22

Aggregation Functions

- No "group by" construct, but aggregation functions available
- ```
  for $c in /bank/customer
  return
  <customer-total-balance>
      <cName> {$c/cName} </cName>
      <total-balance> {fn:sum(
        for $d in /bank/depositor[cName=$c/cName],
            $a in /bank/account[aNumber=$d/aNumber]
        return $a/balance
      )}
      </total-balance>
  </customer-total-balance>
  ```

23

중첩 질의

중첩 원소를 생성하기 위하여 XQuery FLWOR 표현은 return절 내에서 중첩이 될 수 있다 (마치 SQL from 절에 SQL 문이 중첩이 될 수 있는 것 처럼).

bank와 bank-1은 동일한 정보를 표현하고 있으나, bank-1은 중첩 형태를 가지고 있다. 상기 질의는 bank XML 문서를 bank-1 XML 문서로 변환한다.

집계함수

XQuery는 "group by" 절을 제공하지는 않지만, 사용자는 집계함수를 이용하여 집계 데이터를 구할 수 있다.

함수이름은 원칙적으로 namespace
http://www.w3.org/2004/10/xpath-functions
에 속하게 되며, namespace 접두어는 "fn"이다.

상기 예제는 각 고객에 대하여 고객이 소유한 계좌의 잔고 합을 구하는 질의이다.

```
<customer-total-balance>
        <cName> Lee </cName>
        <total-balance> 1400 </total-balance>
        <cName> Kim </cName>
        <total-balance> 400 </total-balance>
</customer-total-balance>
```

Sorting in XQuery

- The "order by" clause can be used at the end of any expression.
  - To return customers sorted by name
  - for $c in /bank/customer
    order by $c/cName
    return <customer> { $c/* } </customer>
  - Use "order by $c/cName descending" to sort in descending order
- Can sort at multiple levels of nesting
  - To sort by customer_name, and by account_number within each customer
  -

```
<bank-1> {
  for $c in /bank/customer
  order by $c/cName
  return
      <customer>
          { $c/* }
          { for $d in /bank/depositor[cName=$c/cName],
                $a in /bank/account[aNumber=$d/aNumber] }
          order by $a/aNumber
          return <account> $a/* </account>
      </customer>
} </bank-1>
```

24

Functions and Other Features

- User defined functions with the type system of XML Schema
  - function balances(xs:string $c) returns list(xs:decimal*) {
        for $d in /bank/depositor[cName = $c],
            $a in /bank/account[aNumber = $d/aNumber]
        return $a/balance
    }
  - Types are optional for function parameters and return values
  - The * (as in decimal*) indicates a sequence of values of that type
- Universal and existential quantification in where clause predicates
  - some $e in path satisfies P
  - every $e in path satisfies P
- XQuery also supports If-then-else clauses

25

XQuery 정렬

order by 절을 가지고 정렬된 결과를 구할 수 있다. 기본값은 오름차순이다.

함수 및 기타 기능

XQuery는 사용자에게 원하는 함수를 정의할 수 있는 사용자 정의 함수를 지원한다. XQuery는 XML Schema 타입 시스템을 사용한다.

6.3 XML API

Application Program Interfaces

- There are two standard application program interfaces to XML data:
  - DOM
  - SAX

27

API

XML 사용이 확대됨에 따라, XML을 지원하는 응용 도구들이 많이 개발되고 있다. 이를 위하여 두 가지 표준 XML API가 존재하며 각각 다양한 언어를 지원하다.

두 가지 API 모두 XML 문서를 파스(parse)하고 문서의 인메모리 구조체를 생성하게 한다.

DOM (Document Object Model)

- XML data is parsed into a tree representation
- Variety of functions provided for traversing the DOM tree
- For example, Java DOM API provides "node" class with methods:
  - getParentNode( ), getFirstChild( ), getNextSibling( ),
  - getElementsByTagName( ), getAttribute( ),
  - getData( ) (for text node)
- Also provides functions for updating DOM tree
- DOM can be used to access XML data, but does not support any form of declarative querying

28

DOM

DOM은 XML 문서를 트리 형식으로 표현하며, 사용자에게 XML 트리를 순회적으로 접근하면서 데이터 조작(검색/변경/삭제/삽입 등)에 필요한 API를 제공한다.

DOM은 선언적 질의문을 제공하지는 않는다.

SAX (Simple API for XML)

- To provide a common interface between parsers and applications
- SAX is built on the notion of event handlers, which consists of user-specified functions associated with parsing events
  - Users provide event handlers for parsing events (for example, start of element, end of element)
- Not suitable for database applications

29

SAX

SAX은 event 중심 프로그램 환경을 제공하며, 사용자는 각 parsing event에 대한 핸들러(handler) 함수를 생성하여야 한다. 예를 들면 parsing event로는 태그의 시작, 태그의 마지막, 속성 시작 등이 있다. 만약 사용자가 XML 문서를 트리 형식으로 표현하기 위해서는 속성 시작 이벤트가 발생하면 현 노드에 자식 노드를 첨가하는 핸들러 함수를 생성할 수 있다.

6.4 XML 저장

Storage of XML Data

- XML data can be stored in
  - Non-relational databases
    - Flat files
      - Natural for storing XML
      - has all problems such as no concurrency, no recovery, etc.
    - XML databases
      - Database built specifically for storing XML data, supporting DOM model and declarative querying
      - Early XML databases implemented the DOM on a C++-based object-oriented database
      - Currently no commercial-grade systems
  - Relational databases
    - Data must be translated into relational form
    - Advantage: mature database systems
    - Disadvantages: overhead of translating data and queries

31

XML 데이터 저장

XML 데이터를 저장하는 방식은 몇 가지가 가능하며, 그 중에서 화일 시스템, XML 데이터베이스 시스템 (C++ 객체지향시스템), 관계형 데이터베이스 시스템 사용에 대한 장단점을 간략히 설명한다.

관계형 데이터베이스 시스템은 성숙한 기술이므로 이를 활용하여 XML 데이터를 저장, 관리하는 방식을 자세히 살펴본다.

Storage of XML in Relational Databases

- Alternatives:
  - String Representation
  - Tree Representation
  - Map to relations

32

Store as String (1/2)

- Store each top level element as a string field (clob) of a tuple in a relational database
  - Use a single relation to store all elements or use a separate relation for each top-level element type
  - For example, account, customer, depositor relations: each with a string-valued attribute to store the element plus extra attributes to store some subelements
- Indexing
  - Store values of subelements/attributes to be indexed as extra fields of the relation, and build indices on these fields
    - E.g. customer_name or account_number
  - Some database systems support "function indices", which use the result of a user-defined function as the key value.
    - The function should return the value of the required subelement/attribute

33

관계형 데이터베이스에 XML 저장

관계형 데이터베이스로 저장하는 세 가지 방식을 살펴본다.

스트링으로 저장 (1/2)

상위 원소를 clob 타입으로 저장하는 방식이다. 전체 XML 문서를 하나의 필드로 저장할 수 있고, 상위 원소 몇 개로 나누어 저장할 수 있다.

빠른 접근을 원하는 속성, 서브 원소를 테이블의 독립 속성으로 저장하여 색인을 구성할 수 있다. 또는 함수 색인을 지원하는 시스템에서는 원하는 속성/서브원소를 반환하는 사용자 함수를 생성한 후 함수에 대한 함수 색인을 사용할 수도 있다.

Store as String (2/2)

- Benefits
  - Can store any XML data even without DTD
  - As long as there are many top-level elements in a document, strings are small compared to full document
    - Allows fast access to individual elements.
- Drawback
  - Need to parse strings to access values inside the elements (Parsing is slow)

34

Tree Representation (1/2)

- Model XML data as tree and store it with two relations
  - nodes(id, type, label, value)
  - child(child_id, parent_id)

bank (id:1)
customer (id:2)
account (id:5)
customer_name (id:3)
account_number (id:7)

- Each element/attribute is given a unique "identifier"
- "type" indicates element or attribute
- "label" specifies the name of element or attribute
- "value" is the text value of element or attribute
- The relation "child" notes the parent-child relationships in the tree
  - Can add an extra attribute to child to record ordering of children

35

스트링으로 저장 (2/2)

XML 문서 구조를 활용하지 않은 저장 방식이므로, 문서 구조를 활용하는 질의문 처리 등에 속도가 느리다.

트리 표현 (1/2)

XML 문서를 트리 형태로 모델링을 하고, 두 개의 테이블(즉, nodes, child)을 이용하여 XML 문서를 저장하는 방식이다.

두 테이블 속성에 대한 설명은 상기 그림에 나와 있다.

Tree Representation (2/2)

- Benefit
  - Can store any XML data even without DTD
- Drawbacks
  - Data is broken up into too many pieces, increasing space overheads
  - Even simple queries require a large number of joins, which can be slow

36

트리 표현 (2/2)

문서 구조 지식 없이 XML 문서 저장이 가능하다. 데이터가 너무 많은 조각으로 분해가 되므로 공간 오버헤드가 발생한다.

Mapping to Relations

- A relation is created for each element type whose schema is known
  - An id attribute to store a unique id for each element
  - An relation attribute corresponding to each element attribute
  - A parent_id attribute to keep track of parent element
    - As in the tree representation
    - Position information (i^{th} child) can be store too
- All subelements that occur only once can become relation attributes
  - For text-valued subelements, store the text as attribute value
  - For complex subelements, can store the id of the subelement
- Subelements that can occur multiple times are represented in a separate table
  - Similar to handling of multivalued attributes when converting ER diagrams to tables
- Variants of this approach is possible

37

관계로 변환

XML 문서를 관계로 변환하는 방법을 설명한다.

이 방식은 다양한 변환방법이 존재한다.

Publishing and shredding XML data

- Publishing: process of converting relational data to an XML format
- Shredding: process of converting an XML document into a set of tuples to be inserted into one or more relations
- XML-enabled database systems support automated publishing and shredding
- Some systems offer native storage of XML data using the "xml" data type. Special internal data structures and indices are used for efficiency
  - Allow XQuery queries to be embedded within SQL queries

38

Web Services

- The Simple Object Access Protocol (SOAP) standard
  - Invocation of procedures across applications with distinct databases
  - XML used to represent procedure input and output
- A Web service is a site providing a collection of SOAP procedures
  - Described using the Web Services Description Language (WSDL)
  - Directories of Web services are described using the Universal Description, Discovery, and Integration (UDDI) standard

39

XML 데이터 변환

XML이 기관사이의 데이터 교환 목적으로 사용될 때, 교환되는 데이터는 데이터베이스 시스템에 저장되는 데이터인 경우가 많다. 데이터베이스 시스템에서 관리되는 데이터가 XML 문서 형태로 변환이 되어야 하며 이를 publishing이라고 한다. 반대로 XML 문서가 데이터베이스가 관리하는 테이블 형태로 변환이 되어야 하며 이를 shredding이라고 한다.

publishing/shredding은 자동적으로 이루어져야 하며, 소위 XML-enable 데이터베이스시스템은 자동 publishing/shredding을 제공한다.

웹 서비스

6.5 SQL/XML

SQL/XML (1/2)

- New standard SQL extension that allows creation of nested XML output
  - Each tuple is mapped to an XML element "row"
  - Each relation attribute is mapped to an XML element
  -
```
<bank>
<account>
    <row>
          <account_number> A-101 </account_number>
          <branch_name> Downtown </branch_name>
          <balance> 500 </balance>
    </row>
          ... more rows if there are more output tuples ...
</account>
</bank>
```

41

SQL/XML (1/2)

SQL/XML (2/2)

- SQL/XML adds several operators and aggregate operations to SQL to allow the construction of XML output directly from the extended SQL
  - xmlelement creates XML elements
  - xmlattributes creates attributes
  - xmlforest is similar to xmlattributes, except that it creates a forest of subelements, instead of a list of attributes
  - xmlagg for aggregate functions

42

SQL/XML (2/2)

SQL/XML Example (1/2)

- select xmlelement(name "account", xmlattributes(account_number as account_number), xmlelement(name "branch_name", branch_name), xmlelement(name "balance", balance)) from account
- <account account_number="A-401">
  <branch_name> Downtown </branch_name>
  <balance> 500 </balance
  </account>
  <account account_number="A-402">
  <branch_name> Perryridge </branch_name>
  <balance> 900 </balance>
  </account>
  ...

43

SQL/XML 예제 (1/2)

SQL/XML Example (2/2)

- select xmlelement(name "branch", branch_name, xmlagg(xmlforest(account_number) order by account_number)) from account group by branch_name
- This query creates an element for each branch, containing as subelements all the account numbers at that branch

44

SQL/XML 예제 (2/2)

XML에 대한 IR 접근

7.1 DB, IR 비교
7.2 XML IR 이슈
7.3 XML을 위한 벡터 공간 모델

Subtopics

- DB vs. IR
- Issues in XML IR
- Vector space model for XML

2

구성 요소

데이터베이스 분야와 정보검색 분야를 비교해 본다. 두 분야의 차이점과 공통점을 살펴보고, 두 분야의 기술 관심 방향을 설명한다. 또한 본 장의 주요 주제인 구조 검색에 관하여 살펴본다.

두 번째는 정보검색 분야에서 관심 있는 XML 처리 기술을 살펴본다. 마지막으로 XML을 위한 벡터 공간을 살펴본다.

7.1 DB, IR 비교

IR vs. (relational) DB

	RDB	unstructured IR
objects	records	unstructured documents
main data structure	relation (table)	inverted index
model	relational model	vector space model, etc.
queries	SQL	free text queries

- Traditionally, IR systems retrieve information from unstructured text (raw text without markup)
- Some structured data sources containing text are best modeled as structured documents rather than relational data

4

IR과 RDB 비교

DB와 IR를 비교한다. IR이 대상으로 하는 자료형은 문서(텍스트)이고 질의어는 자유 형식의 단어 나열이다. DB는 대상으로 하는 데이터에 대한 정확한 스키마가 존재하고 질의어는 사용법 및 의미가 명확하게 정의된 SQL이다.

테스트가 포함되는 구조화된 데이터(structured data) 처리는 IR 기술이 DB 기술보다 우수할 수 있다.

Structured retrieval

- Queries are structured or unstructured, while documents are structured
  - We can run queries that combine textual criteria with structural criteria
- Example of structured retrieval
  - Digital libraries
    - Give me a full-length article on fast Fourier transforms
  - Patent databases
    - Give me patents whose claims mention RSA public key encryption and that cite US patent 4,405,829
  - Blogs
  - Text with entities tagged (named entity tagging)
    - Give me articles about sightseeing tours of the Vatican and the Coliseum

5

Why RDB is not suitable (3 main problems)

- An unranked system (DB) would return a potentially large number of articles that mention the Vatican, the Coliseum and sightseeing tours without ranking them by relevance to query
- Difficult for users to precisely state structural constraints (may not know which structured elements are supported by the system)
  - tours AND (COUNTRY: Vatican OR LANDMARK: Coliseum) ???
  - tours AND (STATE: Vatican OR BUILDING: Coliseum) ???
- Users may be completely unfamiliar with structured search and advanced search interfaces or unwilling to use them
- Solution: adapt ranked retrieval to structured documents to address these problems !!!

6 6

구조 검색

텍스트 데이터를 포함하면서 구조화된 자료에 대한 검색을 구조 검색(structured retrieval)이라고 하는데, 이에 대한 설명이다.

구조 검색에서는 문서에 대한 전통적인 질의와 문서 구조에 대한 질의가 통합되어 지원한다.

왜 DB 기술이 적합하지 않은가?

관계형 DB 기술이 적합하지 않은 이유 3가지를 설명한다.

DB와 IR를 비교해 보면 근본적인 기술 접근 방식의 차이가 있다. 정보검색 분야의 큰 특징은 질의를 작성하는 사용자가 검색하고자 하는 문서를 본인이 정확하게 표현하지 못한다고 가정하는 것이다. 이는 사용자의 무지 또는 사용법 미숙지와 같은 사용자의 책임도 있지만, IR 시스템이 사용자에게 원하는 정보를 정확하게 표현하게 하는 질의어(또는 방식)을 제공하지도 않는다.

정보검색 시스템은 사용자 질의 처리시에 사용자가 원하는 문서를 추측하면서 유사한 문서를 반환하고자 하는 노력을 하지만, 데이터베이스 환경은 사용자가 원하는 데이터를 SQL 언어로 정확하게 표현하기를 기대하고 DBMS는 사용자 질의를 신속하게 처리하면 된다.

정보검색 분야는 질의어 처리의 효과성(effectiveness)이 주 관심사이지만, 데이터베이스 분야에서는 질의 효과성은 관심사가 될 수 없다(사용자의 질의 작성 능력 문제이므로). 데이터베이스 분야는 사용자 질의 처리의 효율성(efficiency)이 관심사이다.

Structured Retrieval

	RDB	unstructured IR	structured IR
objects	records	unstructured documents	trees with text at leaves
main data structure	relation (table)	inverted index	?
model	relational model	vector space model, etc.	?
queries	SQL	free text queries	?

- One standard for encoding structured documents is XML
  - Also applicable to other types of markup (HTML, SGML, …)

7

XML document (1/2)

- Ordered, labeled tree
- Each node of the tree is an XML element, written with an opening and closing XML tag (e.g. <title…>, </title…>)
- An element can have one or more XML attributes (e.g. number)
- Attributes can have values (e.g. vii)
- Elements can have child elements (e.g. title, verse)

```
<play>
<author>Shakespeare</author>
<title>Macbeth</title>
<act number="I">
<scene number="vii">
<title>Macbeth's castle</title>
<verse>Will I with wine…</verse>
</scene>
</act>
</play>
```

8

구조 검색

본 장에서는 구조 검색의 대표적인 사례인 XML 구조 검색에 관하여 살펴본다.

일부 학자들은 XML 검색을 semi-structured retrieval로 명명하기로 하는데, 본 책에서는 XML 검색을 structured retrieval로 명명하기로 한다. structured retrieval이 데이터베이스 검색을 의미하지는 않는다.

XML 문서 (1/2)

XML 문서에 대한 일반적인 설명과 간단한 예제이다.

XML document (2/2)

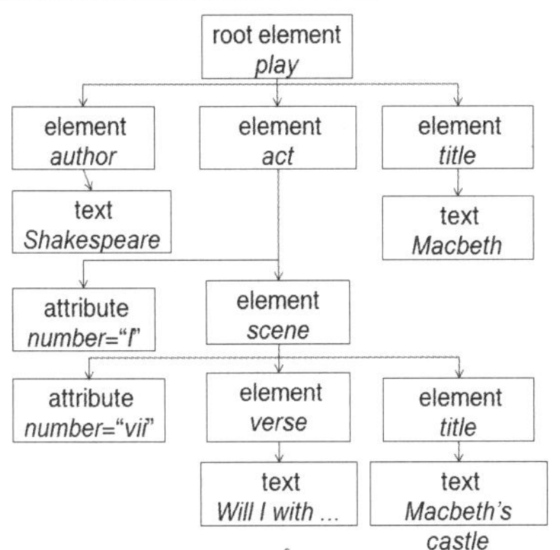

XML DOM

- XML Documents Object Model (XML DOM): standard for accessing and processing XML documents
  - The DOM represents elements, attributes and text within elements as nodes in a tree
  - With a DOM API, we can process an XML documents by starting at the root element and then descending down the tree from parents to children.

10

XML 문서 (2/2)

XML 문서를 트리 형태로 표현한 것이다. 리프 노드는 텍스트를 가지며, 내부 노드는 문서 구조와 메타 함수를 가진다.

XML DOM

- All XML elements can be accessed through the XML DOM.
- The XML DOM is:
  . A standard object model for XML
  . A standard programming interface for XML
  . Platform- and language-independent
  . A W3C standard

In other words, The XML DOM is a standard for how to get, change, add, or delete XML elements.

7.2 XML IR 이슈

문서 일부 검색

본 절에서는 비구조 검색(unstructured retrieval)에 비하여 구조 검색이 기술적으로 어려운 이유를 살펴본다.

첫 번째 문제는 검색되는 문서 부분을 결정하는 것이다. structured document retrieval principle을 활용한다.

셰익스피어의 4대 비극은 "햄릿(Hamlet)", "오셀로(Othello)", "리어 왕(King Lear)", "맥베스(Macbeth)"이다. 연극(play)은 장(act)으로 구성이 되며, 장은 다시 막(scene)으로 구성이 된다.

구조 문서 검색 원칙

구조 문서 검색 원칙을 알고리즘적으로 구현하기는 어렵다. 상기 예제와 같이, 타이틀 Macbeth을 검색하는 경우, 연극 Macbeth을 반환하여야 하는지, 1장7막 Macbeth's castle을 반환하여야 하는지 결정이 어렵다.

Second challenge: document parts to index

- Central notion for indexing and ranking in IR: documents unit or indexing unit
  - In unstructured retrieval, usually straightforward: files on your desktop, email massages, web pages on the web etc.
  - In structured retrieval, there are four main different approaches to defining the indexing unit
    - non-overlapping pseudodocuments
    - top down
    - bottom up
    - all elements

14

Approach 1 (pseudo-documents)

- Group nodes into non-overlapping pseudodocuments

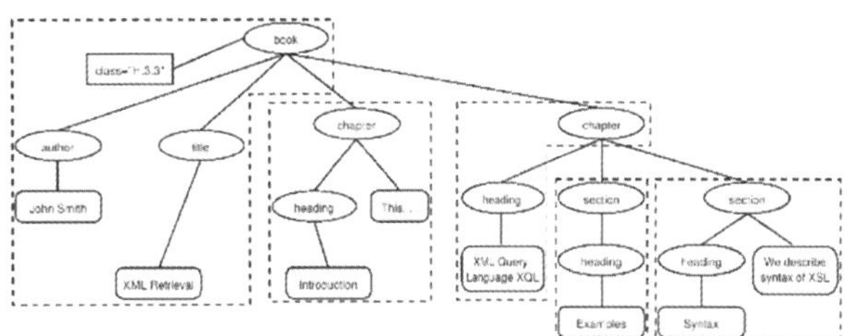

- Indexing units: books, chapters, sections, but without overlap
- Disadvantage: pseudodocuments may not make sense to the user because they are not coherent units

15

문서 색인 범위

두 번째 이슈는 문서의 어떤 부분을 색인하는가이다. 비구조 검색에서는 색인 범위가 명확하지만, 구조 검색에서는 색인 범위가 명확하지 않으며 이에 대한 몇 가지 방법이 제안되어 있다.

방법 1 (의사문서)

이 방식의 단점은 의사문서(유사문서, pseudo-document)가 사용자에게 의미가 없을 수 있다는 것이다. 예를 들면, 상기 그림에서 가장 왼쪽 의사문서는 서로 속성이 다른(즉, 관련이 없는) 세 가지 원소(class, author, title)를 가진다.

Approach 2 (top-down)

- Top down (2-stage process)
  - Start with one of the latest elements as the indexing unit (for example, the book element in a collection of books)
  - Then, postprocess search results to find for each book the subelement that is the best hit
- This two-stage retrieval process often fails to return the best subelement because the relevance of a whole book is often not a good predictor of the relevance of small subelements within it

16

Approach 3 (bottom up)

- Bottom up: Instead of retrieving large units and identifying subelements (top down), we can search all leaves, select the most relevant ones and then extend them to larger units in postprocessing
- Similar problem as top down: the relevance of a leaf element is often not a good predictor of the relevance of elements it is contained in

17

방법 2 (top–down)

두 번째는 top-down 방식이며, 후처리를 통하여 가장 적절한 원소를 검색한다. 이 방법의 문제점은 전체 색인의 랭킹이 내부 일부 원소의 랭킹과 차이 있을 수 있으며, 이 경우 가장 적절한 내부 원소를 검색하지 못한다.

방법 3 (bottom up)

세 번째 방식은 bottom-up 방식이다.

Approach 4 (all elements)

- Index all elements
  - The least restrictive approach, but also problematic
  - Many XML elements are not meaningful search results, e.g., an ISBN number
  - Indexing all elements means that search results will be highly redundant
  - Example : For the query Macbeth's castle we would return all of the play, act, scene and title elements on the path between the root node and Macbeth's castle. The leaf node would then occur 4 times in the result set: 1 directly and 3 as part of other elements
- Returning redundant nested elements in a list of returned hits is not very user-friendly
  - We call elements that are contained within each other nested elements

18

Third challenge: nested elements (1/3)

- Because of the redundancy caused by the nested elements it is common to restrict the set of elements eligible for retrieval
- Restriction strategies include:
  - Discard all small elements
  - Discard all element types that users do not look at
  - Discard all element types that assessors generally do not judge to be relevant
  - Only keep element types that a system designer or librarian has deemed to be useful search results
- In most of these approaches, result sets still contain nested elements

19

방법 4 (all elements)

이 방식은 모든 원소를 색인하는 것이다.

원소는 단위 원소 자체만으로는 의미가 없는 경우가 많으며, 모든 원소를 색인하는 것은 검색 결과에 불필요한 부분이 많음을 의미한다.

중첩 원소 (1/3)

중첩 원소는 중복성을 많이 내포하므로, 이를 해결하기 위하여 검색 결과에 상기 전략을 적용하여 중복성을 제거하려고 한다. 검색 시스템의 로그를 분석하여 사용자들이 관심 없어 하는 원소가 있으면 검색 결과 문서에서 제거하여야 하며, 연관성 평가를 이용하여 관련성이 없는 원소는 검색 결과 문서에서 제거하여야 한다.

Nested elements (2/3)

- Further techniques
  - Remove nested elements in a postprocessing step to reduce redundancy
  - Collapse several nested elements in the results list and use highlighting of query terms to draw the user's attention to the relevant passages
- Highlighting
  - Gain 1: enables users to scan medium-sized elements (e.g., a section); thus, if the section and the paragraph both occur in the results list, it is sufficient to show the section.
  - Gain 2: paragraphs are presented in-context (i.e., their embedding section). This context may be helpful in interpreting the paragraph.

20

중첩 원소 (2/3)

질의 용어를 강조함으로써 발생하는 이점을 설명한다.

Nested elements (3/3)

- We may need to distinguish different contexts of a term when we compute term statistics for ranking, in particular inverse document frequency (idf)
  - The term "Gates" under the node "author" is unrelated to an occurrence under a content node like section if used to refer to the plural of gate. It makes little sense to compute a single document frequency for Gates in this example.
- Solution: Compute idf for XML-context term pairs
  - Sparse data problems (many XML-context pairs occur too rarely to reliably estimate df)
  - Compromise: consider the parent node x of the term and not the rest of the path from the root to x to distinguish contexts

21

중첩 원소 (3/3)

중첩 원소의 또 다른 쟁점은 용어의 통계(대표적으로 역문서빈도)를 계산할 때, 용어의 context를 고려하여야 한다는 것이다.

해결책은 문서의 context와 용어 쌍(pair)에 대하여 역문서 빈도를 계산하는 것이며, 특히 원소의 부모 노드 값에 나오는 용어에 대해서만 역문서 빈도를 계산하는 것이다.

Schema heterogeneity

- Ideally
  - There is one schema
  - User understands schema
- In practice
  - Many schemas
  - Schemas not known in advance
  - Schemas change
  - Users don't understand schemas
- Need to identify similar elements in different schemas

22

Why schema heterogeneity ?

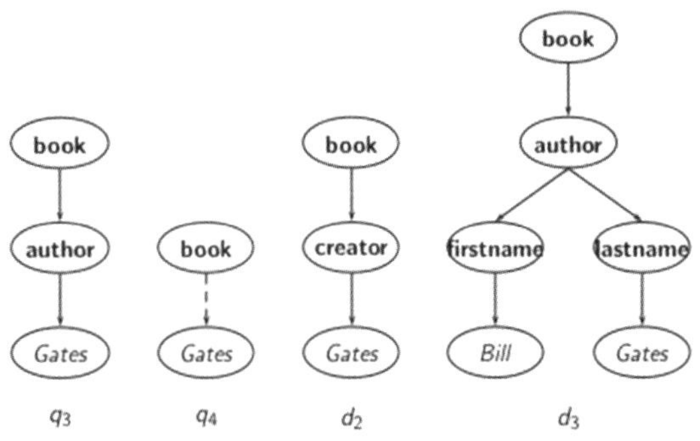

23

스키마 이질성

XML 문서 스키마의 이질성은 XML 검색 시에 해결하여야 하는 문제이다.

통상 관련 전문가에 의하여 스키마 이질성 문제를 해결한다.

왜 스키마 이질성인가?

상기 예제에서 q_3은 d_2와 Gates 용어 대한 원소명이 다르며, d_3은 author와 용어 사이에 firstname, lastname 원소가 존재한다.

완전 매치 방식을 사용하면 q_3은 d_2 및 d_3와 연관성이 없다는 문서로 답이 나오나, 의미적 관점에서는 q_3은 d_2 및 d_3와 연관되는 문서라고 볼 수 있다.

한편 q_4는 dashed arrow를 사용하는데, 이는 extended query를 표시한다.

7.3 XML을 위한 벡터 공간 모델

Main idea: lexicalized subtrees

- To have each dimension of the vector space encode a word together with its position within the XML tree
  - Take each text node (leaf) and break it into multiple nodes, one for each word
    - E.g. split Bill Gates into Bill and Gates
  - Define the dimensions of the vector space to be lexicalized subtrees of documents (subtrees that contain at least one vocabulary term)

25

어휘화된 서브트리

벡터 공간 모델을 사용하기 위하여 어휘화된 서브트리를 정의한다.

어휘화된 서브트리는 용어 뿐만 아니라 용어의 위치 정보도 가진다. 용어의 위치 정보를 가지게 함은 질의 처리시에 관련 없는 문서를 검색하지 않기 위함이다.

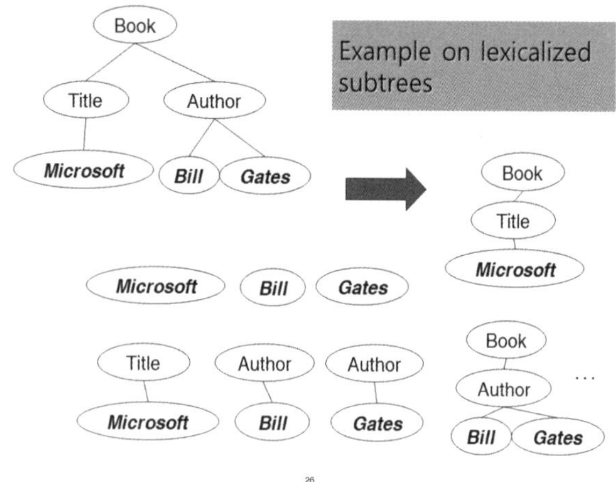

어휘화된 서브트리 예제

어휘화된 서브트리 예제이다. 어휘화된 서브트리는 XML 트리에서 하나 이상의 용어를 가지는 서브 트리이다.

상기 그림에서 몇 서브트리가 빠져있으며, (그림에는 없지만) 리프 노트 Gates만이 제거된 서브트리도 어휘화된 서브트리이다.

Vector space model for XML

- Represent queries and documents as vectors in this space of lexicalized subtrees and compute matches between them
- Vector space formalism in unstructured vs. structured IR
  - The main difference is that the dimensions of vector space in unstructured retrieval are vocabulary terms whereas they are lexicalized subtrees in XML retrieval

27

XML 벡터 공간 모델

XML 벡터 공간 모델는 어휘화된 서브트리를 차원(dimension) 단위로 공간 모델을 구성한다.

Structural term

- There is a tradeoff between the dimensionality of the space and the accuracy of query results
  - If we restrict dimensions to vocabulary terms, then we have a standard vector space retrieval system that will retrieve many documents that do not match the structure of the query (e.g., Gates in the title as opposed to the author element).
  - If we create a separate dimension for each lexicalized subtree occurring in the collection, the dimensionality of the space becomes too large.
- Compromise: index all paths that end in a single vocabulary term, in other words all XML-context term pairs
  - We call such an XML-context term pair a structural term and denote it by <c, t>: a pair of XML-context c and vocabulary term t.

28

어휘화된 서브트리 예제

어휘화된 서브트리 예제이다. 어휘화된 서브트리는 XML 트리에서 하나 이상의 용어를 가지는 서브 트리이다.

상기 그림에서 몇 서브트리가 빠져있으며, (그림에는 없지만) 리프 노트 Gates만이 제거된 서브트리도 어휘화된 서브트리이다.

Context resemblance

- The context resemblance function CR is a simple similarity measure of a path c_q in a query and a path c_d in a document

$$\mathrm{CR}(c_q, c_d) = \begin{cases} \frac{1+|c_q|}{1+|c_d|} & \text{if } c_q \text{ matches } c_d \\ 0 & \text{if } c_q \text{ does not match } c_d \end{cases}$$

  - $|c_q|$ and $|c_d|$ are the number of nodes in the query path and document path, respectively
  - c_q matches c_d iff we can transform c_q into c_d by inserting additional nodes
  - $\mathrm{CR}(c_q, c_d) = 1.0$ if q and d are identical

29

문맥 유사도

문맥 유사도는 기본적으로 두 개 패스(path)간의 유사성을 계산한다. 패스에 존재하는 노드의 개수를 활용하며, 주어진 패스에서 몇 개의 노드를 첨가하여 같은 패스가 되면 두 개 패스는 유사하다고 판별한다.

Context resemblance example

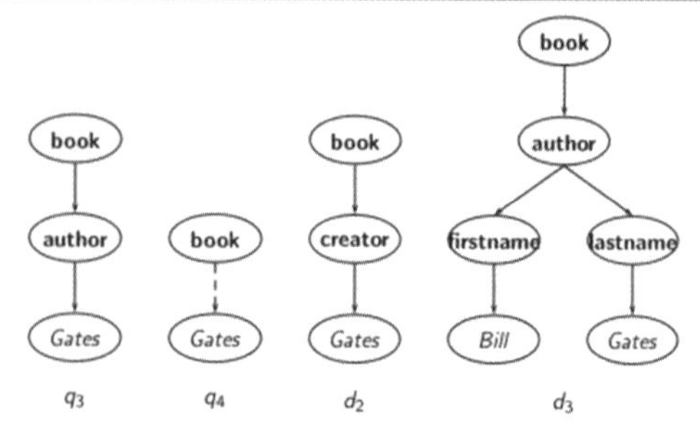

- $\mathrm{CR}(c_{q4}, c_{d2}) = 3/4 = 0.75$
- $\mathrm{CR}(c_{q4}, c_{d3}) = 3/5 = 0.6$

30

문맥 유사도 예제

Document similarity measure

- The final score for a document is computed as a variant of the cosine measure, which we call SimNoMerge
- SimNoMerge(q, d) =

$$\sum_{c_k \in B} \sum_{c_l \in B} \mathrm{CR}(c_k, c_l) \sum_{t \in V} \text{weight}(q, t, c_k) \frac{\text{weight}(d, t, c_l)}{\sqrt{\sum_{c \in B, t \in V} \text{weight}^2(d, t, c)}}$$

  - V is the vocabulary of non-structural terms
  - B is the set of all XML contexts
  - weight (q, t, c), weight(d, t, c) are the weights of term t in XML context c in query q and document d, respectively (standard weighting e.g. idft x wft,d, where idft depends on which elements we use to compute dft.)
- SimNoMerge(q, d) is not a true cosine measure since its value can be larger than 1.0

31

문서 유사도 측정

SimNoMerge algorithm

ScoreDocumentsWithSimNoMerge(q, B, V, N, normalizer)

```
for n ← 1 to N
do score[n] ← 0
for each ⟨c_q, t⟩ ∈ q
do w_q ← WEIGHT(q, t, c_q)
   for each c ∈ B
   do if CR(c_q, c) > 0
         then postings ← GETPOSTINGS(⟨c, t⟩)
              for each posting ∈ postings
              do x ← CR(c_q, c) * w_q * weight(posting)
                 score[docID(posting)] += x
for n ← 1 to N
do score[n] ← score[n]/normalizer[n]
return score
```

32

SimNoMerge 알고리즘

웹 검색 기본

8.1 웹 검색

8.2 광고

8.3 스팸

Subtopics

- Web searching
- Advertising
- Spam (search engine optimization)

2

구성요소

본 장에서는 웹 검색의 기본적인 사항을 살펴본다.

8.1 웹 검색

World wide web (1/2)

- The World Wide Web (abbreviated WWW or the Web) is an information space where documents and other web resources are interlinked by hypertext links, and can be accessed via the Internet
  - Introduced early 90's by Tim Berners-Lee
- Three essential technologies
  - URL (uniform resource locator): a system of globally unique identifiers for resources on the Web and elsewhere
  - HTML (HyperText Markup Language): a publishing language
  - HTTP (Hypertext Transfer Protocol): an application protocol for distributed, collaborative, and hypermedia information systems

4

월드 와이드 웹 (1/2)

웹에 대한 간단한 설명이다. 세 가지 근본적인 기술로 시작하였으며, 1990년대 중반경에 일반 대중에게 알려지기 시작했다.

World wide web (2/2)

- The Web is unprecedented in may ways: unprecedented in scale, unprecedented in the almost-complete lack of coordination in its creation, and unprecedented in the diversity of backgrounds and motives of its participants
- Let us think about impacts of the Web to our lives !!!

5

The web as an information depository

- The web is a chaotic und uncoordinated collection of web pages
  - No control/restrictions on who can author content
  - Lots of duplicates (need to detect duplicates)
  - Lots of spam (need to detect spam)
- The web is very unprecedentedly gigantic
  - need to know how big it is

6

월드 와이드 웹 (2/2)

월드 와이드 웹 기술이 인류에 미친 영향은 어느 정도될까???

정보 보고(depository) 관점의 웹

웹 시스템은 문서 생성 및 관리에 대한 권위있는 통제가 전혀 없으며, 그 결과 웹 문서에 대한 중복성, 스팸, 정보 오류 등의 문제가 발생할 아주 높은 개연성을 가지고 있다.

The Web document collection

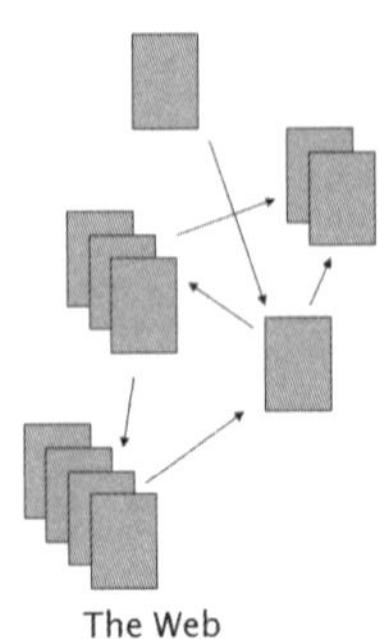

- No design/co-ordination
- Decentralized content publishing with no control of authorship
- Democratization of content creation
- Content includes truth, lies, obsolete information, contradictions ...
- Unstructured (text, html, ...), semi-structured (XML, annotated photos), structured (databases)
- Scale much larger than previous text collections
  - Initially "volume doubling every few months" but still expanding
- Content can be dynamically generated

7

웹 문서

웹 문서의 특징을 보여준다. 웹을 구성하는 웹 문서에 대한 생성/관리/검색에 대한 체계적인 설계/통제가 전혀 존재하지 않는다. 웹 문서는 전문가 뿐만 아니라 일반인도 자유스럽게 문서를 생성(democratization of content creation)하고 있다.

전통적인 정보 검색 기술이 웹 검색에 적용되지만, 상기와 같은 웹 문서 속성을 처리하기 위해서는 또 다른 기술이 필요하다. 예를 들면, 문서의 정확성 또는 신뢰성을 표현하는 문서의 권위(authoritativeness)을 평가하는 방법이 요구된다.

- authoritative: able to be trusted as being accurate or true; reliable.

Without search engines, the web wouldn't work

- Without search, contents are hard to find
- Without search, there is no incentive to create contents
  - Why publish something if nobody will read it?
  - Why publish something if I don't get an revenue from it?
- Somebody needs to pay for the web
  - Servers, web infrastructure, content creation
  - A large part today is paid by search ads
- On the web, search is not just a nice feature, but a key enabler of the web !!!

8

웹 서비스에서 검색은 반드시 필요한 요소이다.

웹 서비스에서 검색 서비스는 필수 불가분의 요소이며, 이에 대한 중요성은 아무리 강조해도 지나치지 않다. 검색 서비스가 제공되지 않은 웹 서비스는 상상할 수 없다. 또한 웹 서비스가 제공되려면 비용이 필요하며, 이에 대한 비용은 주로 검색 광고에 의존한다.

웹 검색은 크게 두 가지 방식으로 나누어진다.
- 검색 단어와 유사한 웹 분서를 검색하는 방식
- 웹 문서에 분야/주제별로 분류 체계(taxonomy)를 제공하는 방식

첫 번째 방식이 널리 제공되고 있으며, 두 번째 방식은 웹 서비스 초기에 Yahoo가 제공하였으나 기술적인 문제(전문가 지식 의존, 방대한 웹에 신속한 대응이 어려움) 등으로 현재로는 사장(fade out)되는 방식이다.

Web searching

User

Web spider

Search

Indexer

The Web

Indexes

Ad indexes

9

User query needs

- Informational
  - Want to learn about something
  - Typically not a single page that contain all the information sought
- Navigational
  - Want to go to the website or home page of an single entity the user has in mind
  - The best measure of user satisfaction is precision at 1
- Transactional
  - Want to do something (web-mediated)
    - Access service, download/purchase products, make a reservation, etc.
  - Should return results listing services that provide form interfaces for such transaction
- Gray areas
  - Find a good hub
  - Exploratory search "see what's there"

10

웹 검색

웹 검색 과정을 보여주는 그림이다. 웹에 존재하는 문서를 웹 크롤러가 수집하며, 수집된 문서를 색인된 형태로 저장된다. 사용자가 검색창에 질의를 입력하면 검색 시스템은 수집된 문서 중에서 유사한 문서를 사용자에게 반환하며, 이 때 광고 정보를 사용자에게 노출시키기도 한다.

사용자 질의 요구

사용자가 웹 서비스를 이용하는 요구 사항을 분류한 자료이며, 자세한 사항은 아래 참고문헌을 참고한다.

A. Broder, A Taxonomy of Web Search, SIGIR Forum 36(2):3-10, 2002.

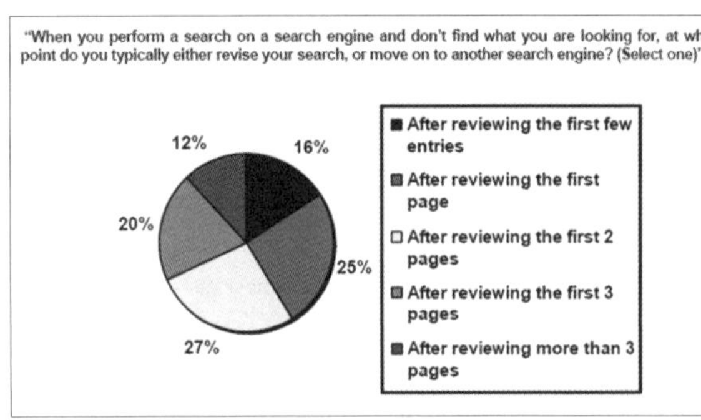

11

Empirical evaluation of web search results

- User perceptions may be unscientific (but matter)
- Quality of pages varies widely
  - Relevance is not enough
  - Other desirable qualities (non IR!!)
    - Content: trustworthy, diverse, non-duplicated, well maintained
    - Web readability: display correctly and fast
    - No annoyances: pop-ups, etc.
- Precision vs. recall
  - On the web, recall seldom matters

12

사용자 검색 패턴

상기 슬라이드는 웹 검색에서 사용자 행위 패턴을 보여준다.
자료에 의하면 첫번째 페이지만을 검색하는 사용자가 약 41%정도이고,
처음 3 페이지 넘어가며 검색을 하는 경우는 약 1/3 정도(32%) 사용자에 불과하다.
여러분의 검색 습관을 고려하면서 비교해 보길 바란다.

본 자료 출처는 iprospect.com에서 2006년도에 white paper 형식으로 발간한 자료이다.
(WhitePaper_2006_SearchEngineUserBehavior.pdf)

웹 검색 결과 평가

웹과 정보 검색은 사용자 질의를 처리하여 원하는 정보를 검색한다는 점에서는 동일하나, 검색 결과를 평가하는 점에서는 다른 특성을 보인다.

웹 검색에서 회상도는 사용자가 관심이 적으며 그 결과 중요하지 않다. 실제로는 웹 검색의 회상도 계산을 불가능하다.

Web as a direted graph

- Represent the web as a directed graph
  - in-links vs. out-links

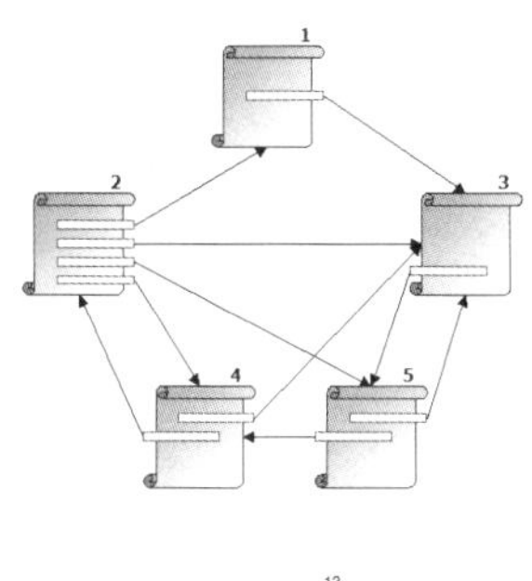

13

웹의 방향성 그래프

웹을 방향성을 가지는 그래프로 표현할 수 있다.

- 다른 웹 문서를 참조하는 링크를 그래프의 에지(edge)로 표시
- 각 노드는 웹 문서를 표시

상기 그래프는 5개의 문서로 구성되는 웹을 표현한다. 노드 2의 in-links 개수는 1이며, out-links 개수는 4이다. 상기 그래프는 각 노드가 상호 연결되는 SCC(strongly-connected component)이다.

Bowtie structure of the Web (1/2)

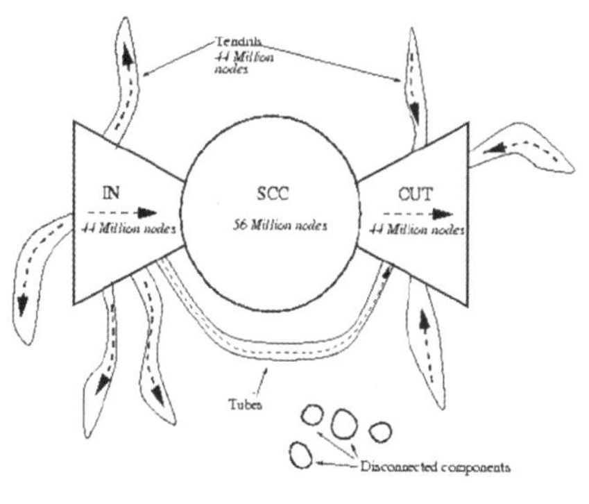

14

나비 넥타이 모양의 웹 (1/2)

웹은 나비 넥타이 모양으로 구성된다고 알려져 있다. 웹은 크게 세 가지 요소(IN, SCC, OUT)로 구성이 되는데, IN 문서에서는 SCC 문서로 순회가 가능하며, 서로 순회가 가능한 SCC(strongly connected component) 부분, SCC 문서로 순회가 불가능한 OUT 문서로 구성되어 있다.

[참고문헌]

A.Z. Broder, S. R. Kumar, F. Maghoul, P. Raghavan, S. Rajagopalan, R. Stata, A. Tomkins, J.L. Wiener, Graph Structure in the Web, Computer Networks: The International Journal of Computer and Telecommunications Networking 33(1-6): 309-320, 2000. (also in WWW Conference 1999)

Bowtie structure of the Web (2/2)

- Three major categories
  - A web surfer can pass from any page in IN to any page in SCC
  - A surfer can pass from any page in SCC to other page in SCC
  - A surfer can pass from page in SCC to any page in OUT
  - A surfer cannot pass from page in SCC to page in IN
  - A surfer cannot pass from page in OUT to page in SCC (consequently in IN)
- Others
  - tubes are a set of pages outside SCC that lead directly from IN to OUT
  - tendrils lead nowhere from IN or from nowhere to OUT

16

나비 넥타이 모양의 웹 (2/2)

연구 결과에 의하면, 대부분의 웹 문서는 IN, OUT, SCC 부분에 속하며, IN과 OUT의 크기는 비슷하며 SCC가 조금 더 크다고 하며, tube 및 tendril에 속하는 문서는 적다고 한다.

8.2 광고

Brief search advertisement history

- 1995-1997 : Early keyword-based engines
  - Altavista, Excite, Infoseek, Inktomi, Lycos
  - Paid search ranking: GoTo.com (then Overture.com, then Yahoo!)
    - Your search ranking depended on how much you paid
    - Auction for keywords: casino was expensive!
- 1998+: Link-based ranking pioneered by Google
  - Great user experience in search of a business model
  - Meanwhile Goto/Overture's annual revenues were nearing $1 billion
  - Google added paid search "ads" to the side, independent of search results
- 2005+: Google gains search share, dominating in Europe and very strong in North America
  - 2009: Yahoo! and Microsoft propose combined paid search offering

17

간단한 검색 광고 역사

야후(Yahoo)는 1994년 Stanford 대학 전기과 대학원생인 Jerry Yang과 David Filo가 설립하였으며 Sunnyvale, CA에 본사가 있다. 1994년 Yahoo! Directory를 시작으로 다양한 웹 서비스를 제공하였고, 2000년 초반 dot.com bubble 시기에는 주당 주식값이 $118까지 올랐으나 2001년 9월경 주가는 약 $8 정도였다. 998년 Yahoo는 웹 사용자의 가장 인기있는 포털이었고, Yahoo! Directory는 가장 인기있는 검색 엔진이었다. 008년 Microsoft Corporation이 $44.6 billion (약50조원)에 인수 제안을 하였으나 거절되었고, 2017년 Verizon Communications이 $4.48 billion(약 5조원)에 인수하였다.

Inktomi는 인터넷 서비스를 제공하는 소프트웨어 개발 회사이며, 1996년 UC Berkeley Eric Brewer교수 및 대학원생이 세웠으며, 2003년 야후에 의해 인수되었다. AltaVista 및 AOL (America Online) 서비스에 잉크토니 소프트웨어가 탑제되었다.

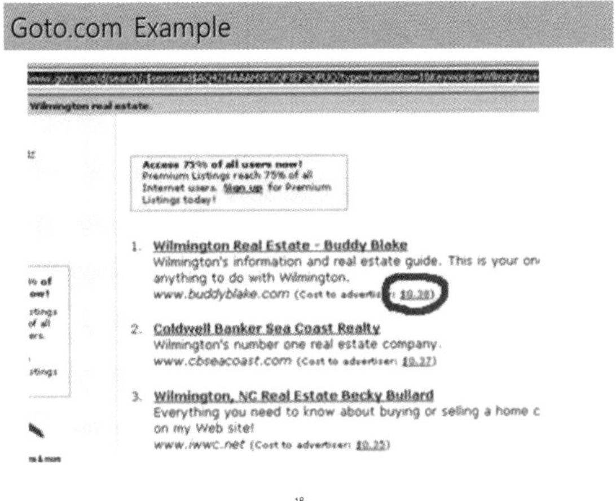

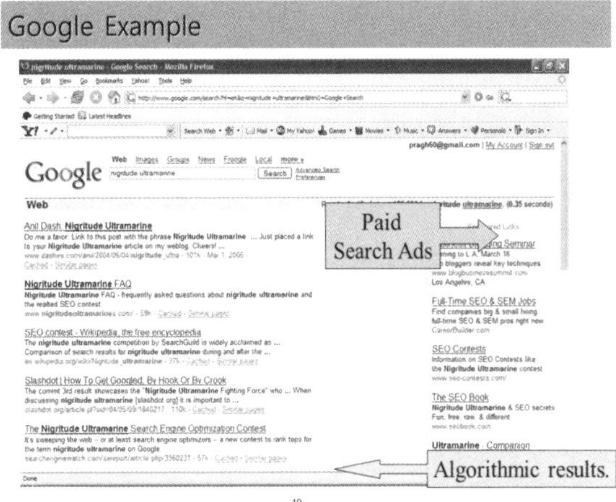

Goto.com 예제

상기 슬라이드는 Wilmington real estate (윌밍톤지역 부동산) 검색 결과를 보인다. Goto.com은 광고주가 지불하는 비용 순서로 검색 결과를 보인다.

상기 슬라이드에는 buddyblake사가 가장 많은 광고비용을 지불하므로 가장 먼저 사용자에게 검색 결과로 보인다. 또한 사용자가 해당 페이지를 검색하면(click하면), buddyblake사는 Goto.com에게 $0.38 비용을 지불한다.

Goto.com은 광고비용 기준에 의한 검색 결과만을 사용자에게 보이며, 그 결과 비광고 페이지는 전혀 사용자에게 노출되지 않는다.

Google 예제

검색 결과 화면에 순수 검색 결과 뿐만 아니라 광고가 함께 보여지는 경우이다.

검색 결과에 광고가 동시에 보여지는 경우, 광고주에 관련된 페이지가 비광고주 페이지에 비하여 주어질 수 있는 임의의 혜택(예를 들면, 상위에 랭크)의 존재 여부가 궁금해진다. 포털 사이트는 이에 대해서는 항상 부인한다. 역사적으로 살펴보면, 신문이나 TV 방송의 경우 광고주에 대한 배려(해당 광고주에 대한 심한 비판 자제 등)는 존재해 왔다고 한다.

Bidding on keywords

- Advertisers bid for keywords – sale by auction
- Open system: Anybody can participate and bid on keywords
- Advertisers are only charged when somebody clicks on your ad
  - cost per click (CPC) model
  - How does the auction determine an ad's rank and the price paid for the ad?
  - For the bottom line, this is perhaps the most important research area for search engines (computational advertising)
    - Squeezing an additional fraction of a cent from each ad means billions of additional revenue for the search engine

20

How are ads ranked?

- Goto.com used the bid price only
  - Bad idea: open to abuse
    - Example: query [does my husband cheat?] → ad for divorce lawyer
  - We don't want to show nonrelevant ads
- Rank based on the bid price and relevance
  - Key measure of ad relevance: clickthrough rate (CTR)
  - As a result, a nonrelevant ad will be ranked low
    - may decrease the search engine revenue
  - Need to get the acceptance of the system and revenue, while users get useful information
- The main ranking factor: the query
  - Other ranking factors would be location, time of day, quality and loading speed of landing page

21

키워드 비딩

광고 탐색어에 대한 비딩을 통하여 광고주는 광고 탐색어를 가질 수 있다. 또한 인터넷 검색에서는 해당 광고가 보여주는 횟수(cost per mille(CPM), cost per thousand(CPT)도 동일한 의미)를 기준으로 광고 가격을 결정하기 보다는, 사용자가 해당 광고를 클릭한 횟수를 기준으로 광고비를 결정한다.

어떻게 광고를 랭킹하느가?

CTR(click-through rate)는 웹 페이지, 이메일, 광고를 본 사용자 중에서 특정 링크를 클릭하는 사용자 비율이며, 온라인 광고 효과를 측정하는 방식으로 널리 활용된다.

A win-win case

- The search engine company gets revenue every time somebody clicks on an ad
- The user only clicks on an ad if they are interested in the ad
  - Search engines punish misleading and nonrelevant ads
  - As a result, users are often satisfied with what they find after clicking on an ad
- The advertiser finds new customers in a cost-effective way

22

Not a win-win case (keyword arbitrage)

- Buy a keyword on Google
  - Then redirect traffic to a third party that is paying much more than you are paying Google
    - E.g., redirect to a page full of ads
- This rarely makes sense for the user
- Ad spammers keep inventing new tricks
  - The search engines need time to catch up with them

23

상생 케이스

검색엔진회사와 광고사가 검색 광고를 통하여 서로 상생하는 경우를 설명한다.

성공적이지 않은 경우

아비트리지(arbitrage, 차익거래, 재정거래)는 동일 상품이 지역에 따라 가격이 다를 때 이를 매매하여 차익을 얻으려는 방법으로, 예를 들어 동일한 채권이 지역에 따라 수익률이나 가격이 다를 경우 이들 채권을 매매하여 수익을 얻는 것을 말한다. 여기서는 키워드 차액이 발생하는 경우 이를 이용하여 수익을 취하는 방식을 의미한다.

Not a win-win case (violation of trademarks)

- During part of 2005: The search term "geico" on Google was bought by competitors

- Geico lost this case in the United States !
- Louis Vuitton lost similar case in Europe !

- It's potentially misleading to users to trigger an ad off of a trademark if the user can't buy the product on the site.

24

성공적이지 않은 경우

GEICO는 미국 대형 보험 회사중의 하나이다.

구글에서의 GEICO 키워드 광고를 다른 회사(일반적으로 경쟁업체)가 구매하며, GEICO를 검색하는 사용자에게 구매한 회사의 광고를 보이게 한 사건인데, 미국 법원에서는 이러한 행위가 법률적으로 하자가 없다고 판결하였다.

8.3 스팸

Search engine optimization (Spam) (1/2)

- It costs money to put paid search advertisements
- Search Engine Optimization (SEO)
  - Tuning your web page to rank highly in the algorithmic search results
  - Alternative to paying for placement
  - Thus, intrinsically a marketing function
- Performed by companies, webmasters and consultants ("search engine optimizers") for their clients
- Sometime perfectly legitimate, sometime unethical

26

스팸 (1/2)

인터넷 검색 환경에서 SEO(search engine optimization, 또는 스팸)이란 관련 단어 검색 결과에서 관심 웹 페이지가 상위에 보이도록 하기 위하여 사용하는 기술을 의미한다. 대표적인 방법으로는 웹 페이지 내에 보이지 않는 색상으로 주제어를 다수회 반복하기나 또는 일반적으로 관심있는 주제 단어를 무작위로 나열하여 임의의 단어 검색에서도 항상 상위에 랭크하게 하는 것이다.

Search engine optimization (Spam) (2/2)

- Motives
  - Commercial, political, religious, lobbies
  - Promotion funded by advertising budget
- Operators
  - Contractors (search engine optimizers) for lobbies, companies
  - Web masters
  - Hosting services
- See forums
  - Web master world (www.webmasterworld.com)
    - Search engine specific tricks
    - Discussions about academic papers

27

스팸 (2/2)

스팸은 검색 결과에서 상위로 위치하기 위하여 웹 페이지의 조작을 의미하며, 이에 대한 관련 인터넷 사이트(web master world 포함하여)가 다수 존재한다.

Simple SEO

- First generation engines relied heavily on tf/idf
  - The top-ranked pages for the query "Jeju island resort" were the ones containing the most jeju's, island's and resort's
- SEOs responded with dense repetitions of chosen terms
  - e.g., Jeju island resort Jeju island resort Jeju island resort ...
  - Often, the repetitions would be in the same color as the background of the web page
  - Repeated terms got indexed by crawlers, but not visible to humans on browsers
- Pure word density cannot be trusted as an IR signal !!!

28

간단한 SEO

문서의 tf/idf 값을 왜곡시키기 위한 방법들이다.

Variants of keyword stuffing

- Misleading meta-tags, excessive repetition
- Hidden text with colors, style sheet tricks, etc.
  - Meta-Tags = "... London hotels, hotel, holiday inn, hilton, discount, booking, reservation, sex, mp3, britney spears, viagra, ..."

29

Cloaking

- Serve fake content to search engine spider
- Use IP address or http header to identify who is asking documents

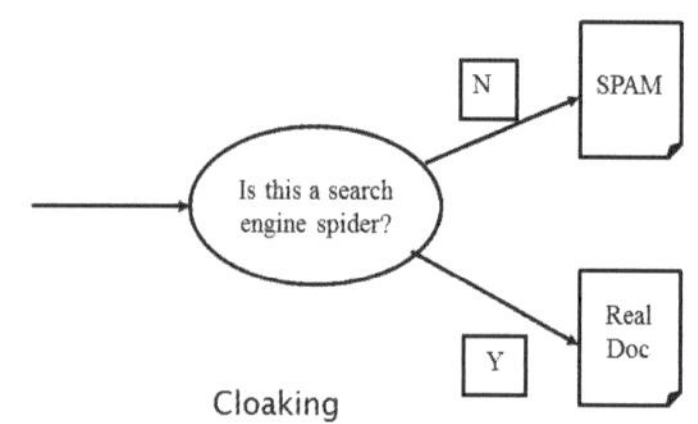

30

키워드 삽입

메타 태크를 오용하여나 또는 동일 단어를 필요이상으로 반복하는 방식 등이 있다. 또한 검색 주제와는 관련이 없는 인기 단어를 문서에 많이 나열함으로써 인기어 검색에 해당 페이지가 검색되게 하기도 한다.

클로킹(cloaking)

인터넷에서 검색엔진은 문서를 수집하기 위하여 크롤러(crawler, 또는 spider라고도 함)를 운용하여 인터넷에 존재하는 웹 페이지를 수집한다.

클로킹이란 문서 요청이 크롤러로 부터 오면 원래 페이지를 보내고, 문서 요청이 일반 사용자 브라우저에서 오면 spam 문서를 보내는 것이다. 그 결과 사용자는 검색 결과로 나온 문서가 아닌 스팸 문서를 받게 된다. 사용자는 검색 결과 문서를 기대하나 그 대신 상업용으로 제작된 문서를 받게 되며, 통상 사용자는 이러한 현상을 일반적으로 인식하지 못한다.

문서 요청자 구분은 IP 주소값이나 HTTP 해더 값을 참조한다.

- cloak : 소매 없는 외투, 망토, something that hides, covers, or keeps something else secret

More spam techniques

- Doorway pages
  - Pages optimized for a single keyword that re-direct to a page containing content of a more commercial nature
- Link spamming
  - Mutual admiration societies, hidden links, awards
  - Domain flooding: numerous domains that point or re-direct to a target page

31

다른 스팸 기술

The war against spam

- Quality signals - Prefer authoritative pages based on:
  - Votes from authors (linkage signals)
  - Votes from users (usage signals)
- Policing of URL submissions
  - Anti robot test
- Limits on meta-keywords
- Robust link analysis
  - Ignore statistically implausible linkage (or text)
  - Use link analysis to detect spammers (guilt by association)
- Spam recognition by machine learning
  - Training set based on known spam
- Family friendly filters
  - Linguistic analysis, general classification techniques, etc.
  - For images: flesh tone detectors, source text analysis, etc.
- Editorial intervention
  - Blacklists
  - Top queries audited
  - Complaints addressed
  - Suspect pattern detection

32

스팸과의 전쟁

웹 서비스에서 스팸을 해결하기 위한 다양한 접근 방법이다.

Adversarial IR

- Web search engines have policies on SEO practices they tolerate/block
  - http://help.yahoo.com/help/us/ysearch/index.html
  - http://www.google.com/intl/en/webmasters/
- Adversarial IR: the unending (technical) battle between SEO's and web search engines
  - Workshops on AIRWEB (Adversarial information retrieval on the web)
    - See http://airweb.cse.lehigh.edu/

33

Adversarial IR

웹 페이지를 상위에 랭크(rank)하고자 하는 SEO와 이를 파악하여 필요한 상위 랭킹을 제외하고자 하는 검색엔진 간의 기술적인 대결을 소위 adversarial IR이라고 하는데, 최근에는 이에 대한 학술회의가 개최되기도 하였다. 웹 분야의 최고의 학술회의는 International World Wide Web Conference(WWW Conference)인데, 보통 이와 병행하여 workshop 형태로 개최되었다.

웹 크롤링

Subtopics

- Web crawler
- Duplicate detection
- URL normalization

2

구성요소

본 장에서는 웹 크롤러에 대하여 살펴본다. 웹 크롤러는 웹에 존재하는 문서를 수집하는 역할을 한다. 웹 크롤러 개발시에 고려하여야 하는 사항으로 중복 문서 제거 및 URL 정규화에 대하여 살펴본다.

9.1 웹 크롤러

Web crawling

- Web search engines must crawl the WWW documents
- Getting the content of the documents is easier for many other IR systems
  - In order to index all files on your computer, just do a recursive downward search from the root
- Considering the size, heterogeneity, the degree of change/expandability of WWW, crawling is not a simple problem
  - design/system challenges

4

웹 수집

포털 검색시스템에서 사용자에서 웹 검색 서비스를 제공하기 위해서는 웹에 존재하는 문서를 수집하여야 하며, 이를 담당하는 프로그램을 web crawler 또는 spider라고 한다.

현존하는 웹의 크기, 다양성, 변화도, 증가도 등을 고려하면, 실제 웹에 존재하는 모든 문서를 수집하는 것은 간단한 문제가 아니다.

Simple crawler (1/2)

- Initialize queue with URLs of known seed pages
  - Seed URLs are manually prepared
- Repeat until queue is empty
  - Take URL from queue
  - Fetch and parse page
  - Extract URLs from page
  - Add URLs to queue

5

Simple crawler (2/2)

```
• urlqueue := seed urls;
  while urlqueue is not empty {
     myurl := urlqueue.getlastanddelete();
     mypage := myurl.fetch();
     fetchedurls.add(myurl);
     newurls := mypage.extracturls();
     for myurl in newurls {
          if (myurl not in fetchedurls and
          not in urlqueue), then
          urlqueue.add(myurl);
     }
     addtoinvertedindex(mypage);
  }
```

6

간단 크롤러 (1/2)

웹 문서를 수집하는 크롤러의 기본 연산을 보인다. 개념적으로 살 펴보면 크롤러 연산은 간단하며, 즉 수집자가 선정한 seed URLs을 시작점으로 하여, 해당 페이지를 방문하여 새로운 URL을 구한 후에, 기존 URL과 병합하고 더 이상 방문하여야 하는 URL이 없을 때까지 상기 연산을 반복한다.

간단 크롤러 (2/2)

간단 크롤러에 대한 pseudocode 를 보인다. urlqueue가 비어질 때까지 while 문장을 수행하는데, urlqueue에서 하나의 url(myurl)을 받아와서 그 페이지를 방문하고, 수집된 페이지에서 새로운 url을 수집한 후, 획득한 url이 아직까지 방문한 페이지가 아니면서 기존 urlqueue에 없으며 이를 urlqueue에 삽입한다. 마지막으로 방문한 페이지를 기존 수집 데이터에 첨가하고 이에 대한 색인을 구성한다.

상기 간단 크롤러는 대학교 과목 과제 수준으로 구현이 가능하며, 심지어 웹을 검색하여 유사한 코드(또는 일부 코드)를 발견할 수도 있다.

웹이 잘 연결되어 있으면 이론적 관점으로는 상기 방법으로 웹 문서를 수집할 수 있다.

Considerations

- Scale: we need to distribute
- We can't index everything
  - we need to subselect. How to decide?
- Duplicates: need to integrate duplicate detection
- Spam and spider traps: need to integrate spam detection
- Freshness: we need to recrawl periodically
  - Because of the size of the web, we can do frequent recrawls only for a small subset
  - Subselection problem or prioritization

7

What a crawler must do

- Be polite
  - Don't hit a site too often
  - Only crawl pages you are allowed to crawl: robots.txt
- Be robust
  - Be immune to spider traps, duplicates, very large pages, very large websites, dynamic pages etc

8

고려사항

예를 들어 10억(1,000,000,000, 1 billion) 페이지를 일주일 기간 동안 수집한다고 가정하면,

1,000,000,000 / 7일*24시간*60분*60초 = 약 1,600 페이지

즉, 초당 약 1,600 페이지를 수집하여야 하며, 실질적으로는 이보다 더 많은 페이지(중복, 스팸 등 이유로)를 수집하여야 한다.

상기 슬라이드는 현실을 고려하며 웹 크롤러를 개발할 때의 고려사항을 정리하였다. 분산 크롤러의 필요성, 부분 수집 범위 결정, 스팸 처리, 중복 제거, 신선도 유지 방안 등을 고려하여야 한다.

크롤러가 가져야 하는 성질

크롤러가 가져야 하는 기본 성질로 polite와 robust를 설명한다. 크롤러는 웹 문서 수집을 하기 위하여 웹 서버를 방문할 때 예의를 갖추어야 하며(be polite), 이는 서버의 robots.txt에 명시된 사항을 준수하고 또한 너무 빈번하게 웹 서버를 방문하기 않은 것을 의미한다.

robust는 웹 문서 수집에서 발생할 수 있는 다양한 현상을 적절히 대처하며 웹 문서 수집을 성공적으로 할 수 있음을 의미하며, 구체적으로는 spider trap, 중복 제거, 동적 페이지 관리, 큰 웹 싸이트 처리, 큰 페이지 처리 등의 이슈가 있다.

robots.txt

- Robots exclusion protocol
  - Protocol for giving crawlers ("robots") limited access to a website, originally from 1994
  - "robots.txt" file at the root of URL hierarchy
- robots.txt example
  - User-agent: *
    Disallow: /personal/temp/
    User-agent: badsearchengine
    Disallow: /
- Important for a crawler to cache the robots.txt file of each site it is crawling

9

robots.txt example

- User-agent: *
  Disallow: /search
  Allow: /search/about
  Allow: /search/howsearchworks
  Disallow: /sdch
  Disallow: /groups
  Disallow: /index.html?
  Disallow: /?
  Allow: /?hl= Dis
  Allow: /?hl=*&
  Disallow: /imgres
  Disallow: /u
  ...
  User-agent: facebookexternalhit
  Allow: /imgres
  ...

10

robots.txt

외부 크롤러가 수집할 수 있는 문서를 제한하는 사항을 웹 서버는 robots.txt 화일에 기록한다. 예를 들어, 상기 robots.txt 화일은 모든 크롤러에게는 /personal/temp/에 존재하는 웹 문서 수집을 금하고 있으며, 또한 badsearch-engine 크롤러에게는 모든 문서 수집을 금지하고 있다.

robots.txt의 실제 사례

2017년 11월에 수집한 www.google,com의 robots.txt 화일의 일부이다. 모든 크롤러에게 적용되는 부분에는 disallow 항목이 많으며, facebookexternalhit 크롤러에는 /impgres directory 검색을 허용하고 있다.

What any crawler should do

- Be capable of distributed operation
- Be scalable: need to be able to increase crawl rate by adding more machines
- Fetch pages of higher quality first
- Continuous operation: get fresh version of already crawled pages

11

크롤러 기능

크롤러가 가져야 하는 기능이다. 분산 연산이 가능하여야 하고, 확장 가능(scalable)하여야 하고, 연속 연산이 가능하여야 한다.

URL frontier

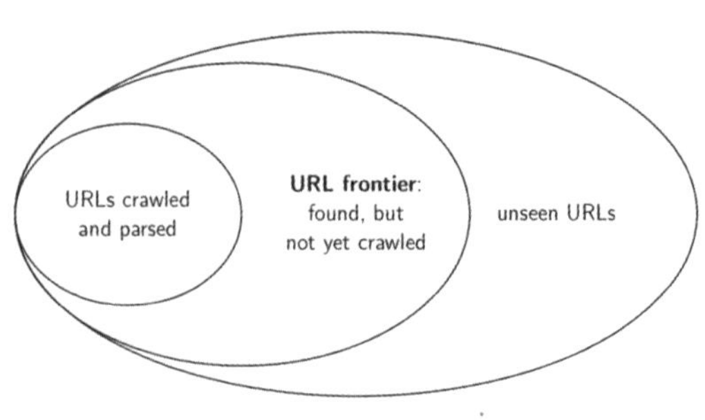

12

URL frontier

URL frontier는 다른 웹 페이지에서 발견된 새로운 URL으로서 아직까지 방문하지 않은 URL 자료 구조체를 의미한다.

동일 페이지에 대한 중복 URL이 존재할 수 있다. URL frontier에서 다음에 방문할 URL 추출은 여러 사항(페이지 수준, refresh 기간 등등)을 고려하여 결정하여야 한다.

Basic crawl architecture

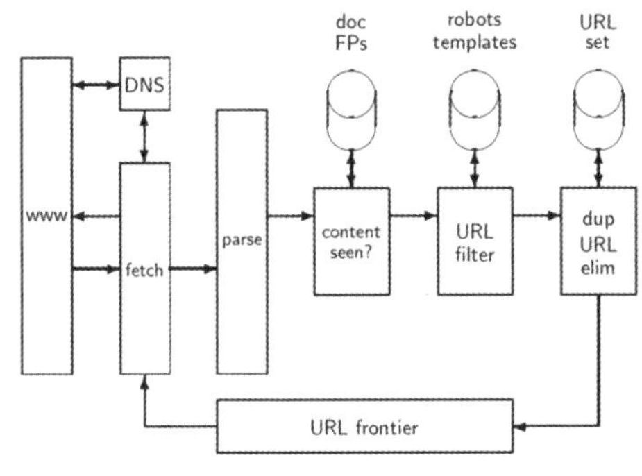

URL normalization

- URLs extracted from a document are relative URLs
  - For example, at http://mit.edu, we may have aboutsite.html, this is the same as http://mit.edu/aboutsite.html
- During parsing, we must normalize (expand) all relative URLs

기본 크롤러 구조

크롤러는 소위 씨앗 URL (seed URL) 중에서 하나를 선택하여 해당 페이지를 검색한다. 검색한 페이지를 이미 방문하였던 페이지와 비교하여 새로운 페이지이면 해당 페이지를 구문 분석(parsing)하여 URL과 텍스트를 추출한다. 새롭게 구한 URL이 기존 URL과 중복되지 않으면 이를 URL frontier에 첨가한다.

fetch 모듈은 통신 규약(대부분은 http)을 이용하여 URL이 참조하는 문서를 검색한다. parse 모듈은 검색한 웹 문서에서 URL과 텍스트를 추출한다. content seen 모듈은 문서 중복성을 검사하는데, FP(fingerprint, 지문) 또는 shingle을 사용한다. URL filter 모듈은 새로운 페이지에서 구한 URL에 대하여 향후 방문 여부를 결정한다. 해당 URL이 robots.txt 화일에서 접근을 금하는 URL이면 URL frontier에 첨가하지 않는다. 또한 내부적인 정책(예를 들면, 특정 도메일 제외, 일정 깊이 이상의 문서 제외, 각 싸이트당 접근 문서 제한 등)에 따라 URL이 제외될 수 있다.

URL 정규화

추출되는 URL은 상대경로로 표시되기도 하고 절대 경로로 표시되기도 하며 또는 불필요하게 복잡하게 표현되는 등, 추출되는 URL을 변환하여 통일된 형식을 가지는 URL로 변환할 필요가 있다. URL 정규화에 대해서는 후에 자세히 다루기로 한다.

Content seen? module

- For each page fetched: check if the content is already in the index
- Check this using document fingerprints or shingles
- Skip documents whose content has already been indexed

15

Distributing the crawler

- Run multiple crawl threads, potentially at different nodes
  - Usually geographically distributed nodes
- Partition hosts being crawled into nodes

16

Content seen? 모듈

웹에는 중복 문서가 많이 존재한다. content seen 모듈은 문서 중복성을 검사하는데, FP(fingerprint, 지문) 또는 shingle을 사용한다.

분산 크롤러

웹 크기 및 증가 속도를 고려할 때, 요구되는 확장가능한 (scalable) 크롤러 구조는 분산 트롤러이다.

또한 웹 서버의 지리적인 위치를 고려할 때, 단일 장소에서 전세계에 존재하는 모든 웹 문서를 수집하는 것은 아주 비효율적이다. 웹 서버를 지역적으로 구분하고 각 지역을 담당하는 분산 크롤러를 동시에 운영하는 것이 효율적이다.

Google data centers

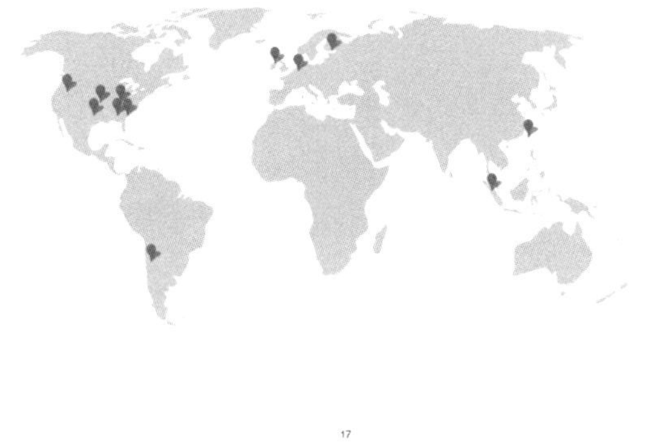

17

Distributed crawler

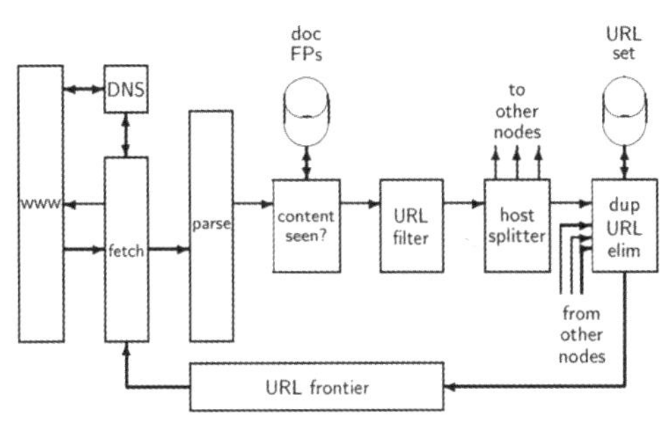

18

구글 데이터 센터

2017년말 기준으로 전세계에 존재하는 구글 데이터 센터 위치도이다.

Americas : South Carolina, Iowa, Georgia, Oregon Alabama, North Carolina, Oklahoma, Tennessee Quilicura, Chile

Asia : Changhua County, Taiwan Singapore

Europe : Ireland, Netherlands, Finland, Belgium

각 데이터 센터에서는 웹 수집을 위한 트롤러(GoogleBot으로 알려져 있음)에 서버가 할당되어 운영 중이다.

분산 크롤러 구조

상기 그림은 분산 크롤러 구조를 보이는데, 기존 크롤러와의 주요 차이점은 host splitter 모듈이다. host splitter는 URL filter 모듈을 통과한 URL을 해당 URL을 담당하는 지역 크롤러에게 전달한다. 다른 지역 크롤러로 부터 해당 URL을 전송 받으면 이를 지역 URL과 통합하여 중복 검사를 하여야 한다.

Content seen? 모듈은 아래 사항을 고려하여야 한다.

- 문서 중복을 위한 지문(또는 shingle)은 지역 크롤러 별로 분류될 수 없다. 양질의 문서는 다수 웹 서버에 저장될 수 있다. 문서 지문(또는 shingle)은 다른 기준에 의하여 지역 크롤러에 저장, 관리되어야 하며, 그 결과 중복 검사는 타 크롤러에 대한 remote procedure call을 이용한다.
- 문서 지문(또는 shingle)에 대한 지역성은 거의 없으므로 지역 크롤러에서 이를 버퍼링(buffering)하는 것은 도움이 안 된다.
- 문서는 시간 지남에 따라 변경되며 해당 지문(또는 shingle) 또한 변경되어야 한다. 오래된 지문을 효율적으로 삭제하려면 URL frontier에 URL과 함께 지문을 저장하는 것이 좋다.

URL frontier: Two main considerations

- High-quality pages that change frequently should be prioritized for frequent crawling
- Politeness
  - Don't hit a web server too frequently
  - Heuristically, insert a time gap between successive requests to the same server
- Freshness: Crawl some pages (e.g., news sites) more often than others
  - Not an easy problem
  - Simple priority queue fails

19

Mercator URL frontier

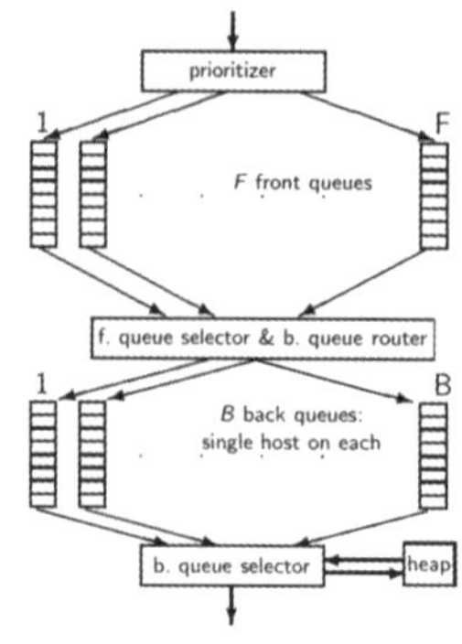

- URLs flow in from the top into the frontier
- Front queues manage prioritization
- Back queues enforce politeness
- Each queue is FIFO

20

URL frontier 고려사항

URL frontier에서 다음에 방문할 URL을 결정하는 것은 간단한 문제가 아니다.

기본적으로 좋은 페이지 중에서 변경이 잦은 페이지에게 우선권을 주어 자주 방문하여야 하는데, 두 가지 사항(즉, 공손함과 신선도)을 고려하여야 한다.

Mercator URL frontier

Mercator는 연구 및 상용 크롤러 설계 및 개발에 많은 영향을 미친 확장성있는 분산 크롤러이다(참고문헌 참조).

Mercator는 front queue 및 back queue 구조를 가지며, front queue는 URL간의 우선 순위를 담당하고, back queue는 politeness를 담당한다. front queue는 모두 F개가 존재하고, back queue는 B개가 존재한다.

[참고문헌]

1. A. Heydon and M. Najork, Mercator: A scalable, extensible Web crawler, Journal of World Wide Web 21(4):219-229, 1999.
2. M. Najork and A. Heydon, High-performance Web Crawling, Handbook of Massive Data Sets, pages 22-45, Kluwer, 2002.

Mercator URL frontier: Front queues

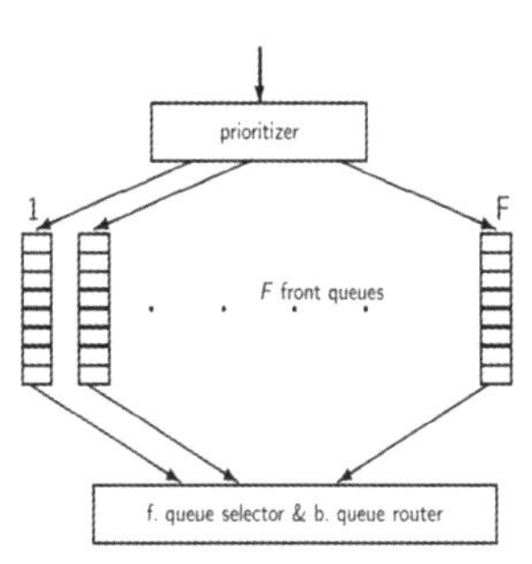

- Prioritizer assigns to URL an integer priority between 1 and F, then appends URL to corresponding queue
- Selection from front queues is initiated by back queues
- Pick a front queue from which to select next URL (with a bias in favor of high-priority front queues)

21

Mercator URL frontier: Back queues (1/4)

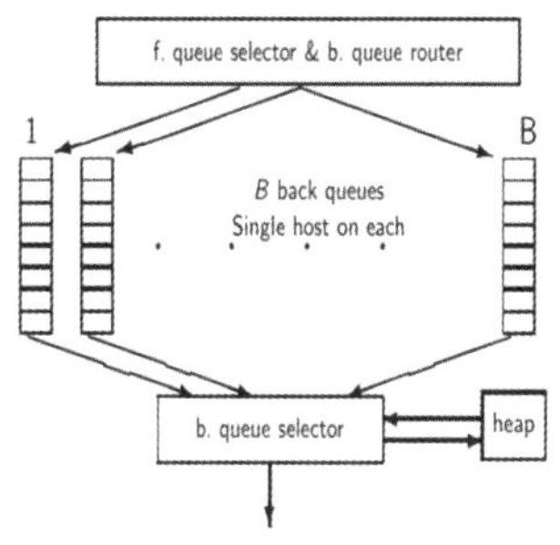

- Invariant 1: Each back queue is kept non-empty while the crawl is in progress
- Invariant 2: Each back queue only contains URLs from a single host
- Maintain a table from hosts to back queues

22

Mercator URL frontier: Front queues

Prioritizer는 URL에 대하여 우선권을 부여하고, 우선권 기준으로 해당 queue에 URL을 삽입된다. 우선권 결정은 복잡한 과정이며, 여러가지 사항을 고려한다.

- 웹 페이지 변경 주기
- 페이지 인기도를 보여주는 pageRank 값
- 웹 서버 신뢰도
- 페이지 내용 (뉴스 페이지이면 자주 방문 등)

Front queue에서 실제 방문할 queue를 결정하는 것은 back queue에서 하며, 이 때 round robin, randomly, or sophisticated variant 등 방법이 사용되나 궁극적으로는 질 좋은 문서를 자주 방문하는 것이 목석이나.

Mercator URL frontier: Back queues (1/4)

Back queue를 운영함에 있어 변하지 않은 두 가지 사항이 다.

두 번째 원칙이 의미하는 바와 같이, 각 웹 싸이트에 관련된 URL는 특정 큐 하나에만 존재한다.

즉, 하나 호스트에 대한 모든 URL는 특정 하나의 큐에만 존재하며, 이를 기록하는 테이블을 크롤러가 관리한다. 테이블은 아래 모습일 수 있다.

host	back queue 번호
ssu.ac.kr	23
samsung.com	47
chosun.com	12

Mercator URL frontier: Back queues (2/4)

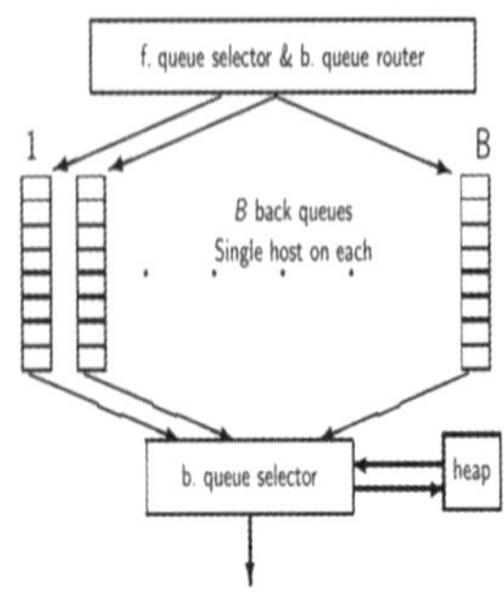

- In the heap
  - One entry for each back queue
  - The entry is the earliest time t_e at which the host corresponding to the back queue can be hit again
  - The earliest time t_e is determined by (i) last access to that host (ii) time gap heuristic

23

Mercator URL frontier: Back queues (2/4)

Heap에는 각 back queue에 대한 값 하나씩 저장되어 있는데, 이는 해당 웹 호스트를 접근할 수 있는 가장 빠른 시간(t_e)이다. t_e은 호스트 마지막 접근 시간, 마지막 접근 시에 페이지 반환 시간, 해당 페이지 변경 주기 등을 고려하여 경험적으로 결정한다.

Mercator URL frontier: Back queues (3/4)

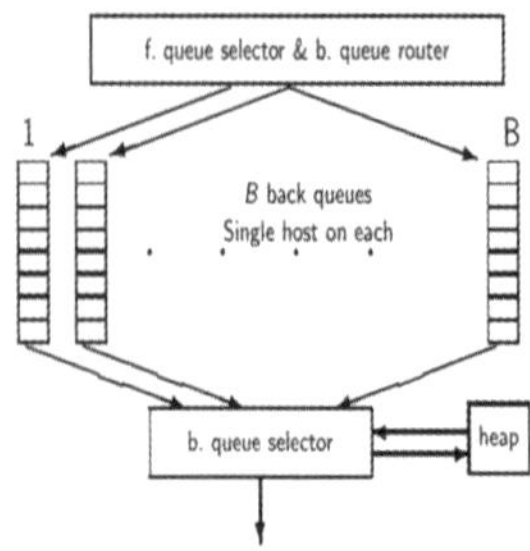

- A crawler thread interacts with back queue
  - Repeat (i) extract t_e from the heap, and wait if necessary (q is a back queue)
  - (ii) fetch URL u at q, and access u
  - until we empty q (u was the last URL in q)

24

Mercator URL frontier: Back queues (3/4)

Mercator URL frontier: Back queues (4/4)

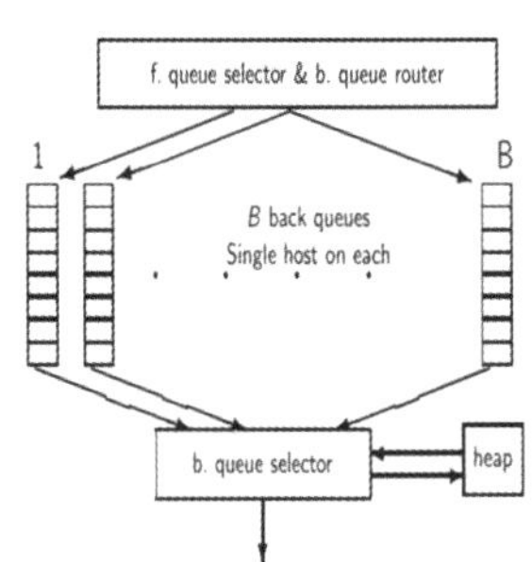

- When a back queue q is empty
  - Repeat (i) pull URLs v from front queues (ii) add v to its corresponding back queue
  - until we get a u whose host does not have a back queue
  - Then put u in q and create heap entry for it

25

Spider trap

- A spider trap (or crawler trap) is a set of web pages that may intentionally or unintentionally be used to cause a web crawler to make an infinite number of requests or cause a poorly constructed crawler to crash
  - Malicious server that generates an infinite sequence of linked pages
  - Sophisticated spider traps generate pages that are not easily identified as dynamic
- A crawler should be robust !!!

26

Mercator URL frontier: Back queues (4/4)

back queue가 비워지면(즉, 해당 호스트에 대한 모든 URL을 처리하면), front queue에서 다른 URL을 back queue로 이동하여야 한다. 쓰레드는 front queue를 접근하여 URL v을 구하고, v에 해당되는 호스트가 back queue에 있으면 v를 해당 back queue에 첨가한다. 만약 v에 해당 호스트가 없으면 back queue q에 이를 저장하고 새로운 t_c 값을 heap에 저장한다.

쓰레드가 새로운 URL을 구하기 위하여 front queue를 접근할 때에는 우선순위가 높은 queue를 우선적으로 접근하며, 이러한 방식 결과로 크롤러는 우선권이 높은 URL을 자주 접근하게 하게 된다

스파이더 함정(trap)

스파이더 함정은 웹 크롤러가 정상적으로 웹 문서를 수집하지 못하도록 하게하는 웹 문서로 정의된다.

흔히 사용되는 방법이다.

- 디렉토리 구조를 무한정 깊이로 생성한다. 예를 들면, http://example.com/bar/foo/bar/foo/bar/foo/bar/...
- 무한적으로 생성하는 동적 페이지를 생성한다. 예를 들면, 달력 문서이다.
- 파싱 모듈이 처리하지 못하도록 아주 큰 텍스트(중간에 space가 없는 경우가 많음) 문서를 생성한다.

9.2 중복 판별

Why duplicate detection ???

- The web is full of duplicated content
  - More so than many other collections
- Exact duplicates
  - Easy to eliminate (E.g., use hash/fingerprint)
- Near-duplicates
  - For example the last-modified date is the only difference between two copies of a page
  - Abundant on the web, difficult to eliminate
- For the user, it's annoying to get a search result with near-identical documents
  - Marginal relevance is zero: even a highly relevant document becomes nonrelevant if it appears below a (near-)duplicate
- We need to eliminate near-duplicates !!!

28

왜 중복 제거인가???

문서 relevance의 단점을 보완하기 위하여 maximal marginal relevance(4장 참조)이 제안되었으며, 이것은 관련이 높은 문서들이라도 (거의) 중복되는 문서가 반복적으로 사용자에게 보여지는 것을 지양하고 대신 다양한 문서를 가지는 검색 결과를 사용자에게 보이려고 노력한다.

Near-duplicates Example

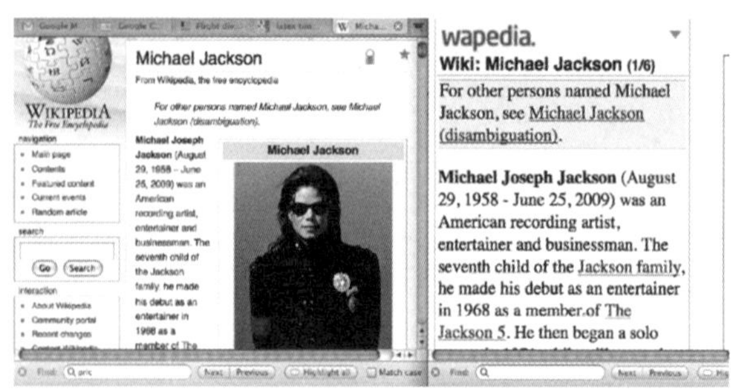

29

준중복 사례

wapedia(http://wapedia.mobi)는 wikipedia 문서를 모바일 버전으로 제공하는 서비스이며, 2004년도에 시작하여 2013년 말까지 영국에 본사를 둔 Taptu 회사에서 제공하였다. wikipedia 문서는 휴대전화에 제공하기에는 용량이 크므로, 문서를 작게 나누거나 또는 이미지 화일을 축소하는 등 휴대용 전화에서 검색하기에 용이한 형태로 변환하여 서비스를 제공되었고, 문서 편집 기능은 없었다.

Duplicate/Near-Duplicate Detection

- Duplication
  - Exact match can be detected with fingerprints
- Near-Duplication: approximate match
  - Compute similarity with an edit-distance measure
  - We want "syntactic" (as opposed to semantic) similarity
    - True semantic similarity (similarity in content) is too difficult to compute
  - Use similarity threshold θ to make the call "is/isn't a near-duplicate"
    - For example, two documents are near-duplicates if similarity > θ = 80%

30

중복/거의 중복 감지

fingerprint는 해당 페이지의 문자 특성을 표현하는 해쉬값(보통 64 bit)이며, 해당 문서의 fingerprint가 동일하면 해당 페이지를 좀 더 자세하게 검사하여 동일한 문서 여부를 판별할 수 있다.

문서간의 거의 중복 검사는 판단 기준값이 필요하다. 통상 기준값으로 0.8을 사용하나 대상 응용 성질을 반영하여 조정이 가능하다.

Represent each document as set of shingles

- Shingles are used as features to measure syntactic similarity of documents
- A shingle is simply a word n-gram
  - For example, for n = 3, "a rose is a rose is a rose" would be represented as this set of shingles:
    - { a-rose-is, rose-is-a, is-a-rose, ... }
- Use the Jaccard coefficient to determine the similarity of two documents

31

쉰글(shingle)로 문서 표현

문서 중복을 판정하기 위하여 널리 사용하는 방법은 shingle 활용이다. shingle은 단어의 N-gram이며, shingle을 가지고 자카드 계수를 산출하여 대상 문서의 유사도를 추출한다.

통상 shingle로는 4-gram을 널리 사용한다.

Recall: Jaccard coefficient

- A commonly used measure of overlap of two sets
- Jaccard(A, B) = |A∩B| / |A∪B|
  - A ≠ Ø or B ≠ Ø
  - Jaccard(A, A) = 1
  - Jaccard(A, B) = 0 if A ∩ B = 0
  - A and B don't have to be the same size
  - Always assigns a number between 0 and 1.

32

자카드 계수

Example of Jaccard coefficient

- Three documents:
  - d_1: "Jack London traveled to Oakland"
  - d_2: "Jack London traveled to the city of Oakland"
  - d_3: "Jack traveled from Oakland to London"
- shingles of size 2 (2-grams or bigrams)
- Jaccard coefficients $J(d_1, d_2)$ and $J(d_1, d_3)$?
  - $J(d_1, d_2) = 3/8 = 0.375$
  - $J(d_1, d_3) = 0$
  - Very sensitive to dissimilarity

33

자카드 계수 예제

d_1의 shingle : Jack-London, London-travel, travel-to, to-Oakland

d_2의 shingle : Jack-London, London-travel, travel-to, to-the, the-city, city-of, of-Oakland

d_3의 shingle : Jack-travel, travel-from, from-Oakland, Oakland-to, to-London

Sketch of a document (1/2)

- Computing exact set of intersection of shingles between all pairs of documents is expensive/intractable
  - The number of shingles per document is large
  - Need to compute for all pairs of documents
- To increase efficiency, we use a sketch, a cleverly chosen subset of the shingles of a document
- Map shingles to 0..(2^m-1) (e.g., m = 64) by fingerprinting
  - Then, s_k refers to the shingle's fingerprint in 0..(2^m-1)
- The size of a sketch is, say, n = 200
- Get a set of permutations π_1 ... π_{200}
  - Each π_i is a random permutation on 0..(2^m-1)
- The sketch of d is defined as
  - < $\min_{s\in d}\pi_1(s)$, $\min_{s\in d}\pi_2(s)$, ... , $\min_{s\in d}\pi_{200}(s)$ > (a vector of 200 numbers)

34

Sketch of a document (2/2)

- Create a "sketch vector" (of size ~200) for each document
  - For doc D, $sketch_D$[i] is as follows:
    - Let f map all shingles in the universe to 0 .. 2^m-1 (e.g., f = fingerprinting)
    - Let π_i be a random permutation on 0 .. 2^m-1
    - Pick MIN(π_i(f(s))) over all shingles s in D

35

문서의 스케치 (1/2)

문서에 생성되는 shingle은 크기가 매우 큰 집합이며, 자카드 계수를 구하기 위해서는 큰 shingle 집합의 합집합 및 교집합을 구하여야 하며 특히 이 연산을 모든 문서의 쌍에 대하여 수행하여야 한다.

shingle을 직접 사용하기보다는 shingle에 해쉬를 적용하여 지문 값을 만든다. 해쉬 함수는 shingle 입력에 대하여 m(통상 m=64) 비트 값으로 변환하는데, 해쉬의 치역(range)는 0과 (2^m-1) 값이다.

2^{64}는 약 $1.8*10^{19}$ 또는 17,179,869,184 giga이며, 이는 1Gb를 1mm X 1mm X 1mm 아주 작은 정육면체에 저장한다면 2^{64}는 2.5m X 2.5m X 2.5m 정육면체에 저장하여야 하는 크기에 대응된다.

문서의 스케치 (2/2)

문서에 대한 single 해쉬값을 구하면, 해쉬 값들에 대한 임의의 순열(permutation)을 적용하고, 그 값 중에서 가장 적은 값을 취한다.

Sketch example

Document 1

2^{64} Start with 64-bit f(shingles)

2^{64} Permute on the number line with π_i

2^{64}

2^{64} Pick the min value

36

스케치 예제

Test if Doc1.Sketch = Doc2.Sketch

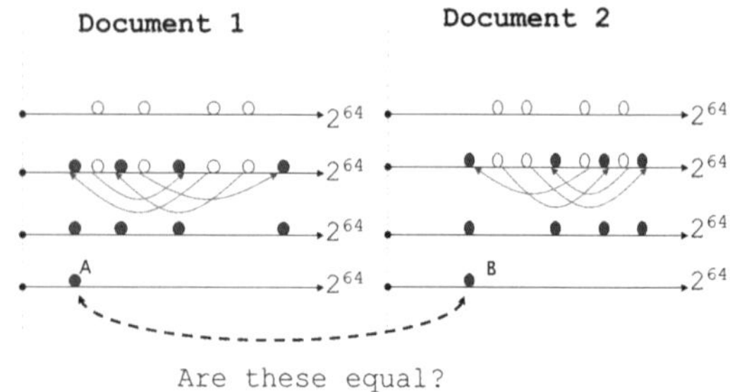

Test for 200 random permutations: π_1, π_2,... π_{200}

37

문서 스케치 비교

Theorem

Document 1 Document 2

2^{64} 2^{64}

A B

- A = B iff the shingle with the MIN value in the union of Doc1 and Doc2 is common to both (i.e., lies in the intersection)
- Claim: This happens with probability (Size_of_intersection / Size_of_union) (WHY !!!)

38

Set Similarity of two sets

- View sets as columns of a matrix A
  - one row for each element in the universe
  - a_{ij} = 1 indicates presence of item i in set j
- Example
  - Jaccard(C_1, C_2) = 2/5 = 0.4

C_1	C_2
0	1
1	0
1	1
0	0
1	1
0	1

39

정리

- $S(d_i)$: the set of shingles of document di
- $H(d_i)$: the corresponding set of 64-bit hash values derived from S(di)
- π : a random permutation from the 64-bit integers to the 64-bit integers
- $\Pi(d_i)$: the set of permutated hash values in $H(d_i)$
- Thus for each $h \in H(d_i)$, there is a corresponding value $\pi(h) \in \Pi(d_i)$
- x_i^{π} : the smallest integer in $\Pi(d_i)$

Theorem: $J(S(d_1), J(S(d_2)) = P(x_1^{\pi} = x_2^{\pi})$

두 개 집합의 유사성

주어진 매트릭스의 각 column을 문서로 보고, 1 값은 해당 원소가 존재한다고 해석하자.

두 개 문서 C_1, C_2에 대하여,

- size($C_1 \cap C_2$) = 5
- size($C_1 \cup C_2$) = 2 이다.

Key Observation

- For columns Ci, Cj, four types of rows

	C_i	C_j
A	1	1
B	1	0
C	0	1
D	0	0

- Overload notation: A = # of rows of type A
- Claim
  - Jaccard(C_i, C_j) = A / (A+B+C)

40

"Min" Hashing

- Randomly permute rows
- Hash h(C_i) = index of first row with 1 in column C_i
- Surprising property
  - P(h(C_i)=h(C_j)) = Jaccard(C_i, C_j)
- Why?
  - Both are A/(A+B+C)
  - Look down columns C_i, C_j until first non-Type-D row
  - h(C_i) = h(C_j) ←→ type A row

41

주요 관찰

문서 Ci 와 Cj 간의 자카드 계수는 "A / (A+B+C)"로 표현되며, 여기서 A, B, 또는 C는 각각 (1, 1), (1,0), 또는 (0,1) 열(row)을 가지는 열 개수이다. (A+B+C)는 두 문서의 합집합 크기에 해당되며, A는 두 문서의 교집합 크기에 해당되기 때문이다.

Min 해쉬

Min-Hash sketches

- Pick *P* random row permutations
- MinHash sketch
- $Sketch_D$ = list of *P* indexes of first rows with 1 in column C

- Similarity of sketches
  - Let sim[sketch(C_i), sketch(C_j)] = fraction of permutations where MinHash values agree
  - Observe sim(sketch(C_i), sketch(C_j)) = Jaccard(C_i, C_j)

42

Example

	C_1	C_2	C_3
R_1	1	0	1
R_2	0	1	1
R_3	1	0	0
R_4	1	0	1
R_5	0	1	0

Signatures

	S_1	S_2	S_3
Perm 1 = (12345)	1	2	1
Perm 2 = (54321)	4	5	4
Perm 3 = (34512)	3	5	4

Similarities

	1-2	1-3	2-3
Col-Col	0.00	0.50	0.25
Sig-Sig	0.00	0.67	0.00

43

Min 해쉬 스케치

앞에서 설명한 정리를 이용하여 자카드 계수는 다음과 같이 구한다.

- 주어진 문서 i의 $x_i\pi$ (the smallest integer in $\Pi(d_i)$) 값을 총 200개(각 순열별로 1개씩)를 구한다. ($\varphi(d_i)$ 라고 하자)
- 주어진 문서 j의 φ(dj)를 구한다.

문서 i, j의 자카드 계수는 $|\varphi(d_i) \cap \varphi(d_j)| / 200$ 이다.

예제

Still all pairs

- Now we have an efficient method for estimating a Jaccard coefficient for a single pair of documents
- But we still have to estimate N^2 coefficients where N is the number of web pages
  - Still slow
- Solution
  - locality sensitive hashing (LSH)
  - sorting

44

모든 문서 쌍에 적용되어야 한다.

지금까지 논한 방식은 문서의 shingle을 직접 사용하는 것보다 훨씬 빠르게 문서 중복 판정을 할 수 있다. 그러나 모든 문서의 쌍에 대하여 자카드 계수를 산출하여야 하며, 이는 O(N2) 복잡도를 가지는 문제이다.

문헌상에서 이에 대한 해결책이 다수 제안되어 있다.

Locality-sensitive hashing (LSH) hashes input items so that similar items map to the same "buckets" with high probability). LSH differs from conventional and cryptographic hash functions because it aims to maximize the probability of a "collision" for similar items. Locality-sensitive hashing has much in common with data clustering and nearest neighbor search.

9.3 URL 정규화

URLs

- Uniform Resource Locator (URL)
  - A string that represents a web resource (a web page)
- URL components
  - "Scheme" contains a protocol that is used for communicating between a web server and a client
  - "Authority" contains user information, hosts, and ports
  - "Path" contains a file name and its directories
  - "Query" contains parameter names and values that may to be supplied to web applications
  - "Fragment" is used for indicating a particular part of a document

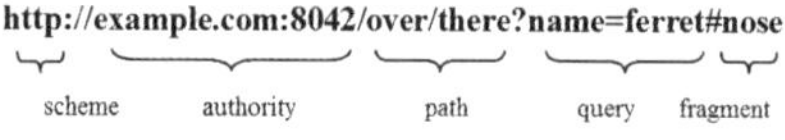

46

URL

URL은 웹에 존재하는 자원을 구분하기 위한 문자열이며, 상기와 같이 총 5개 요소로 구성되어 있다.

Equivalent URLs

- If more than one URL locate the same web page on the web, we call them equivalent URLs
  - www.cnn.com, cnn.com, CNN.COM, CNN.com
  - www.ssu.ac.kr, www3.ssu.ac.kr/index.jsp
- Syntactically identical URLs are equivalent
- There are cases in which syntactically different URLs are equivalent
- Syntactically different URLs that are indeed equivalent give rise to a large amount of processing overhead

47

동등 URL

구문상으로는 상이하지만 의미적으로 동일(동일한 인터넷 자원을 지칭)한 URL을 동동 URL이라고 한다.

Applications of equivalent URLs

- A robot is constantly running across millions of URLs, and it wants to determine if a newly-extracted URL is equivalent to any previously crawled URLs
- Computing the PageRank values of web pages in order to compute the importance of web pages

48

동등 URL 응용

동등 URL 존재는 웹 데이터베이스를 처리함에 다양한 문제점을 야기시킨다.

URL Normalization

- URL normalization
  - A process that syntactically transforms a URL into a canonical form
  - Different URLs that are equivalent should be transformed into a syntactically identical URL
- A standard body proposes a URL normalization method
  - Internet Engineering Task Force (IEFT)
  - T. Berners-Lee, R. Fielding, and L. Masinter, Uniform Resource Identifiers (URI): Generic Syntax, 2005. https://www.ietf.org/rfc/rfc3986.txt

49

URL 정규화

URL 정규화는 동등 URL이 동일한 구문을 가지도록 하는 효과이다. 동일 페이지에 대한 URL는 동일한 구문을 가지도록 하는 것이 URL 정규화의 목적이다.

표준 단체 IETF에서 2005년 URL 정규화(RFC 3986)를 정의하였다. 참고적으로, RFC 3986의 status는 Standards Track이고(즉 표준화 문서로 승인 받았다는 의미), RFC는 request for comments의 약자이다.

Standard URL Normalizations (1/2)

- Syntax-based normalization uses logic based on the URL definitions to reduce the probability of false negatives
  - All characters in the scheme and host components are translated into lower-case letters (case normalization)
  - Encoded unreserved characters are decoded (percent-encoded normalization)
  - path segment "." and ".." are removed (path segment normalization)
  - Example
    - HTTP://WWW.ABC.COM/index.htm → http://www.abc.com/index.htm
    - http://www.abc.com/index.%68%74%6D→http://www.abc.com/index.htm
    - http://example.com/a/b/./../c.htm → http://example.com/a/c.htm

50

표준 정규화 (1/2)

표준 정규화는 세 가지 범주(category)가 있다.

- syntax-based normalization
- scheme-based normalization
- protocol-based normalization

percent-encoded normalization은 퍼센트 다음에 나오는 코드 값을 해당 문자(단 예약어가 아닌 경우)로 변환하는 것이다. 예를 들면, %2D을 hyphen으로 변경하고, %5F를 underscore로 변경하는 것이다.

Standard URL Normalizations (2/2)

- Scheme-based normalization uses scheme-specific rules, at further processing cost, to reduce the probability of false negatives
  - The default port number is truncated
  - Null path string is translated into "/"
  - A fragment is truncated
  - Example
    - http://www.abc.com:80/index.htm → http://www.abc.com/index.htm
    - http://www.abc.com → http://www.abc.com/
    - http://www.abc.com/book.htm#chap1 → http://www.abc.com/book.htm
- Protocol-based normalization: implementation is only appropriate when equivalence is clearly indicated by both the result of accessing the resources and the common conventions of their scheme's dereference algorithm

51

False positive, false negative

- False positive
  - Determining non-equivalent URLs to be equivalent
  - Transforming non-equivalent URLs to the syntactically identical string
  - Example
    - http://www.acm.org/pubs/journals.htm
    - http://www.acm.org/PUBS/journals.htm
- False negative
  - Determining equivalent URLs to be not equivalent
  - Treating equivalent URLs as they are different URLs (cannot transform !!!)
  - Example
    - http://abc.com/list.htm
    - http://abc.com/list.htm#chap1

52

표준 정규화 (2/2)

scheme-based 정규화에서 fragment 기호(즉, # 기호, number sign symbol)는 URL에서 제거되는데, 이는# 기호는 해당 문서의 부분을 지칭하기 때문이다.

거짓 긍정과 거짓 부정

URL 정규화 관련하여 거짓 긍정과 거짓 부정을 정의한다.

Standard/extended normalizations

- Standard normalizations avoid false positives strictly, but often result in high possibility of false negative
- We need to devise an extended normalization that can reduce false negatives significantly while allowing false positives in a very limited way

53

Normalization Effect (1/3)

- We transform a given URL u1 in the original form into a URL u2 form
- The u1 and u2 locate web pages p1 and p2 on the web, respectively
- DB denotes a set of all URLs we are aware of

u1 (given) / u2 (normalized)				p1 exists	p1 not exists
u2 in DB	p2 exists	Identical	Non-loss (1)		Non-loss (3)
		Different	Loss (2)		
	p2 not exists		Loss (4)		Non-loss (5)
u2 not in DB	p2 exists	Identical	Non-loss (6)		Gain (8)
		Different	Change (7) (= loss + gain)		
	p2 not exists		Loss (9)		Non-loss (10)

54

표준 정규화 및 확장 정규화

표준정규화는 어떠한 경우에도 거짓 긍정 상황을 발생시키지 않지만 이를 위하여 거짓 부정 상황이 많이 발생하는 부작용이 있다.

확장 정규화는 표준 정규화의 단점을 보완하고자, 거짓 부정 상황을 줄이려는 시도이며 다만 이를 위하여 거짓 긍정 현상을 일부 허용한다. 확장 정규화는 아래 논문에서 제안되고 평가되었다.

- S.H. Lee, S.J. Kim, and S. Hong, On URL Normaliza-tion, Springer-Verlag Lecture Notes in Computer Science (also in Proceedings of the Workshop on Ubiquitous Web Systems and Intelligence), Vol. 3481, Part II, pp.1076-1085, 2005
- S.H. Lee, S.J. Kim, H.S. Jeong, How to Evaluate the Effectiveness of URL Normalizations, Springer-Verlag Lecture Notes in Computer Science (also in Proceedings of 3rd International Conference on Human.Society@Internet), Vol. 3597, 2005.

정규화 효과 (1/3)

URL 정규화에 대하여 체계적으로 평가를 할 필요가 있으며, 상기 표는 정규화에 의한 페이지 변경 가능성을 정리한다.

Normalization Effect (2/3): page p1 exist

- p2 does not exist (case 4 and 9)
  - We lose the page p1
  - False positive
- p2 exists, and p1 and p2 are of the same page (case 1 and 6)
  - We can save one page request
  - No false positive
- p2 exists, and p1 and p2 are not of the same page (case 2 and 7)
  - We lose the page p1 (case 2)
  - we lose the page p1 and gain a new page p2 (case 7)
  - False positive

55

정규화 효과 (2/3)

Normalization Effect (3/3): page p1 does not exist

- URL u2 is already known to us (case 3 and 5)
  - We do not lose any web pages
  - False positive (case 3)
  - No false positive (case 5)
- URL u2 is not known to us (case 8 and case 10)
  - We can gain one web and loss nothing (case 8, false positive)
  - No false positive (case 10)

56

정규화 효과 (3/3)

Evaluation Metrics

- In terms of handling web pages
  - *N*: the total number of URLs considered
  - Page loss rate = the total number of lost pages / *N*
  - Page gain rate = the total number of gained pages / *N*
  - Page change rate = the total number of changed pages / *N*
  - Page non-loss rate = the total number of non-lost pages / *N*
- In terms of URL reduction
  - URL reduction rate = 1 – (the unique number of URLs after normalization / the unique number of URLs before normalization)

- A good normalization method should exhibit a high value of URL reduction rate, and low values of page loss/gain/change rates

57

평가 지표

Experiment (1/2): Step 1 and 2

- Step 1: our robot crawled 748,632 web pages from 20,799 Korean sites in November 2004
  - 20,799 sites were selected randomly
  - Crawling constraints
    - We crawled web pages within nine hops from the root pages
    - We crawled at most 3,000 pages on each site

- Step 2: 94 million URLs were extracted from the downloaded web pages

58

실험 (1/2)

Experiment (2/2): Step 3 and 4

- Step 3: We eliminated duplicate URLs with the string comparison methods
- Step 4: After raw URLs are transformed into RFC-normalized URLs, we got 4,337,220 unique RFC-normalized URLs

Actions	Number of remaining URLs	Percent of remaining URLs to all the extracted URLs
All extracted URLs	94,330,787	100%
Eliminate the same URLs on a web page	89,926,448	95.3%
Eliminate the same URLs expressed as an absolute path on each site	88,281,831	93.6%
Eliminate the same URLs starting with "http:"	24,662,180	26.1%
After applying the standard normalizations	4,337,195	4.6%

Five simple extended Normalization methods

- Extended normalization methods
  - EN1: Change letters in the path component into the lower-case letters
  - EN2: A URL with the last slash symbol in the path component is transformed into a URL without the last slash symbol
  - EN3: Eliminate the default file name "index.htm" in the path component
  - EN4: Eliminate the default file name "index.html" in the path component
  - EN5: Eliminate the default file name "default.htm" in the path component
- Example
  - http://acm.org/PUBS/journals.html → http://acm.org/pubs/journals.html
  - http://acm.org/pubs/ → http://acm.org/pubs
  - http://acm.org/index.htm → http://acm.org/

60

실험 (2/2)

5가지 확장 URL 정규화

The Effects of the Extended Normalizations (1/4)

- The five extended normalizations were evaluated
  - We excluded the RFC-normalized URLs including the question mark symbol because those URLs represent dynamic pages that are often generated differently whenever the pages are referred to
  - 1,588,021 RFC-normalized URLs were used for the evaluation

Normalization	Unique URLs before normalization	Unique URLs after normalization	URL reduction rate
EN1	302,902	280,399	7.43%
EN2	36,539	29,701	18.71%
EN3	3,761	3,164	15.87%
EN4	105,118	102,394	2.59%
EN5	120	110	8.33%

61

The Effects of the Extended Normalizations (2/4)

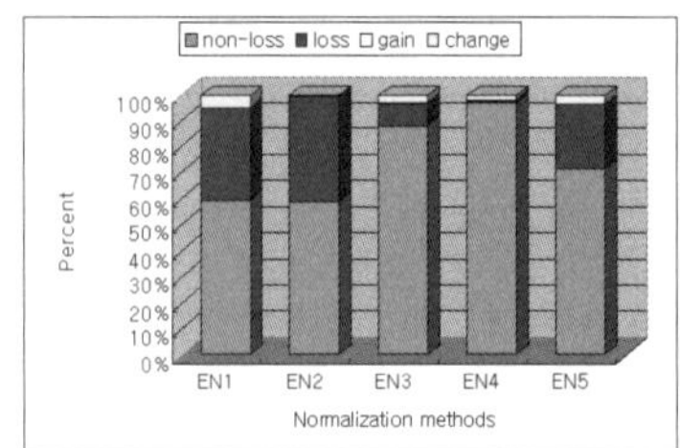

Percent of page non-loss, loss, gain, and change

- 97% of the URLs to which EN4 was applied were transformed without false positives
- In the EN4, only a small number of the URLs (3%) caused false positives
- 12% of the URLs to which EN3 were applied caused false positive

62

확장 정규화 효과 (1/4)

확장 정규화 효과 (2/4)

The Effects of the Extended Normalizations (3/4)

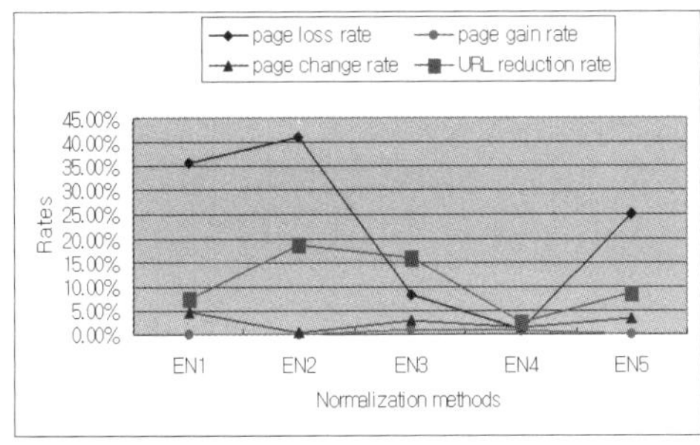

63

The Effects of the Extended Normalizations (4/4)

- In EN1, EN2, and EN5, the page loss rates are more than 10%, which means that the normalizations often transform some correct URLs into wrong URLs
- The page gain rates of all extended normalization methods are less than one or two percent
  - The extended normalization methods are not likely to get new pages accidentally
- The page change rates were less than 5%. The URL reduction rates ranged from 3% to 19%
- This figure precisely shows how many URL requests we can reduce at the cost of false positives

64

확장 정규화 효과 (3/4)

확장 정규화 효과 (4/4)

부 록

영문/한글 용어 변환표

영문/한글 용어 변환표

- biword 두단어
- Boolean 부울린
- context 문맥
- conjunction 논리곱
  - disjunction 논리합
- data 데이터
  - semi-structured data 준정형 데이터
  - structured data 정형 데이터
  - unstructured data 비정형 데이터
- document 문서
- effectiveness 효과성
- efficiency 효율성
- frequency 빈번도
- intersection 교차
- Jaccard coefficient 자카드 계수
- nested element 중첩 원소
- lexicalized subtree 어휘화된 서브트리
- phrase 구절
- permuterm index 퍼므텀 색인
- positional index 위치 색인
- precision 정확도
  - recall 재현율
  - accuracy 정밀도
- rank (ranked) 순위
- skip pointers 스킵 포인터
- term 용어
  - structural term 구조적 용어
- term-document incidence matrix 용어-문서 발생 매트릭스
- wildcard queries 와일드카드 질의
- weight 가중치

이상호

서울대학교 전자계산기공학과 학사
Northwestern University 전산학 석사 및 박사
한국전자통신연구원 선임연구원 역임
한국사립대학교도서관협의회 회장 역임
한국대학정보화협의회 회장 역임
숭실대학교 지식정보처장 역임
숭실대학교 IT대학 소프트웨어학부 교수 (1992~현재)
주요관심분야 : 데이터베이스, 웹 기술

데이터베이스 III

초판발행 2018년 2월 28일

지은이 이상호
펴낸이 황준성
펴낸곳 숭실대학교 지식정보처 중앙도서관 학술정보출판팀
홈페이지 http://press.ssu.ac.kr
등 록 제 14-2호(1982.1.25)
TEL 02-820-0772
FAX 02-817-5297
찍은곳 네오프린텍(주)
TEL 02-718-3111

값 : 12,000원
ISBN 978-89-7450-383-3 03560